中央财经大学应用心理专硕（MAP）专业建设成果

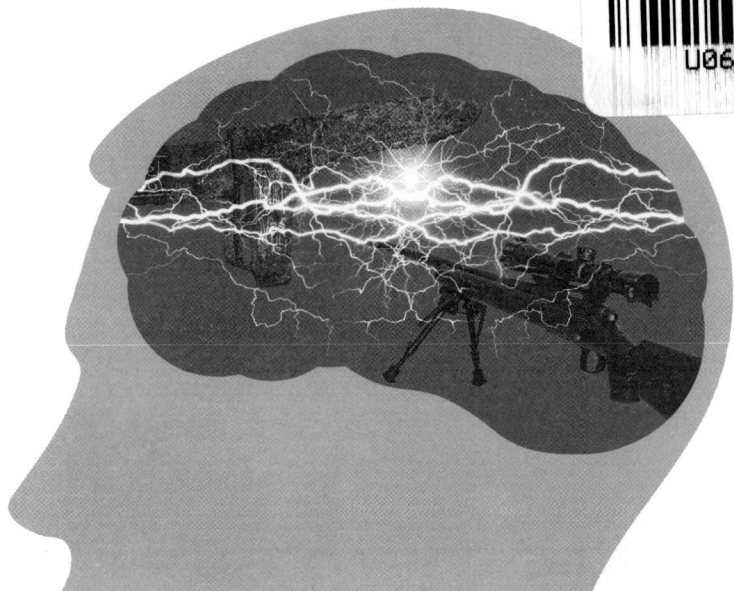

# 武器心学

## 武器意象的心理临床

苑　媛◎著

北京师范大学出版集团
BEIJING NORMAL UNIVERSITY PUBLISHING GROUP
北京师范大学出版社

**图书在版编目(CIP)数据**

武器心学：武器意象的心理临床/苑媛著. —北京：北京师范
大学出版社，2018.3
（应用心理学丛书）
ISBN 978-7-303-22371-8

Ⅰ. ①武…　Ⅱ. ①苑…　Ⅲ. ①心理学研究—应用心理学
Ⅳ. ①B84

中国版本图书馆 CIP 数据核字（2017）第 114014 号

---

营　销　中　心　电　话　010-58805072　58807651
北师大出版社高等教育与学术著作分社　http://xueda.bnup.com

WUQI XINXUE：WUQI YIXIANG DE XINLI LINCHUANG
出版发行：北京师范大学出版社　www.bnup.com
　　　　　北京市海淀区新街口外大街 19 号
　　　　　邮政编码：100875
印　　刷：保定市中画美凯印刷有限公司
经　　销：全国新华书店
开　　本：730 mm×980 mm　　1/16
印　　张：11
字　　数：148 千字
版　　次：2018 年 3 月第 1 版
印　　次：2018 年 3 月第 1 次印刷
定　　价：49.00 元

---

策划编辑：何　琳　　责任编辑：王星星　宋　星
美术编辑：李向昕　　装帧设计：尚世视觉
责任校对：陈　民　　责任印制：马　洁

# 序 言
## ——胸中自有若干兵

什么是武器？

在我看来，武器就是强力贯彻的自我意志，是这种自我意象的物化。

什么是武器意象？武器意象就是对这种意志的象征性表现。

用武器去进攻，就是强力推行自己的意志，让阻碍自己意志的力量崩溃。用武器去防守，就是强力捍卫自己的意志，让试图侵犯自己心理边界的力量不能得逞。

每个人都需要武器。

孩子似乎没有武器，因为他还没有自己独立的意志，他的生命意志和母亲的生命意志是融合的。母亲是有武器的，而且为了保护孩子，正常的母亲可以不顾一切地战斗，所以我们也可以说，母亲就是孩子的武器。

那么，谁是真正没有武器的呢？

一种是彻底的失败者。他们已经完全没有能力贯彻自己的生命意志。只要还有一点点的生命意志，他们就会暗暗保留着某种武器。比如，那些心理上成为别人奴隶的人，他们必须假装完全没有武装，但他们实际上还是有某种武器的，阿谀奉承也是一种暗器。彻底的失败者，没有任何武器，等待他们的很快就是灭亡，或者如同行尸走肉。

另一种是大彻大悟者。他们已经超越了人间的一切是非和争斗，他们的内心世界中没有任何的意志冲突，所以他们不再需要武器。这种境界固然让人向往，但是，实际上我们望尘莫及。如果我们在没有大彻大悟时就放下一切武器，那也是死路一条。

因此，我们都有武器。

善良的人并不会放弃武器，即使他尊重别人，不打算强加自己的意志于人，他也需要有保护自己的力量。因此，孔子说，有文事者，必有武备。

古之谦谦君子，也必佩剑在身。范仲淹胸中有百万雄兵，那并不是实体的武器，而是一种不可战胜的、无畏的精神力量。文天祥虽然手无寸铁，但胸中之兵器，何尝不是千里不留行的无敌宝剑。

从心理学的角度看，武器最基本的象征意义，就是象征着人的心理防御机制或应对机制，也就是人保护和发展自己的心理边界所用的那些心理方法和策略。虽然一般人胸中不可能有雄兵百万，但也都还是有若干兵器的。

弗洛伊德经典的精神分析理论认为很多武器是男性的性象征，如刀剑可以看成是男性性器的象征。但是更深一层，性器难道不也是一种贯彻自我意志的工具吗？

意象对话心理疗法（imagery communication psychotherapy，ICP），是一种在形象思维层面或原始认知层面，了解一个人的心理并改变它的方法。改变，就是一种意志行动，不可能不关注人的意志。因此，人会呈现什么样的武器意象也是意象对话心理疗法中一个重要的组成部分。

在意象对话心理疗法的发展过程中，我们的意象对话心理师创造了很多种具体的方法，也积累了不少经验。不过遗憾的是，有些很优秀的心理师却不是很习惯于写书，所以这些知识只是在少数人那里口传。苑媛是一个非常勤奋的人，她把自己的知识写成了这本书贡献给大家。我对苑媛的贡献表示感谢。这是对意象对话疗法、意象对话流派的贡献，也是对所有需要心理学帮助的人的贡献。

这样的贡献越多，我们的世界就会越美好。

朱建军

2017 年 12 月

# 前　言

········································································

　　对于一位习武者而言，若能熟练掌握"刀、枪、剑、戟、斧、钺、钩、叉、鞭、铜、锤、抓、镋、棍、槊、棒、拐、流星"这十八般兵器，便是达到了极高的武术境界。除此之外，要是再会使用一两种奇门兵器，诸如一折纸扇、一支拂尘或一根绣花针，定可成为威震武林的江湖传奇。

　　殊不知，武器所裹挟的文化元素及其品格特质，早已不失为一种心学。在文化与人性的滋养下，武器不再是简单的作战工具，已然远远超越了其诞生的初衷——不仅可以防身御敌、保家卫国，还可满足某些心理需求（如安全感、占有感、控制感等），亦可彰显身份地位与心性品格，甚至直接成为某种象征。例如，少林棍象征少林武术，尚方宝剑象征极高的权力等。更有带有民族刻板印象的代表性冷兵器，如中国的唐刀，俄罗斯的恰希克，澳洲的回飞镖，印加人的长矛，看到各类鲨鱼牙武器就会想到波利尼西亚人……每一种武器都是一个文化符号，宛如一个个鲜活的生命，背后都有一段段生动甚至神奇的故事，这些故事又凝练成某种性格或某种精神。

　　因而，本书想要跟大家分享的，不是兵器历史和武器知识，而是深蕴其内的心学。并且，希望借助这些物化的利器，通过其象征性的表达（symbolic representation）探索到我们内心的另一种利器，使之可感、可触、可控、可止，从而增强觉知，成长心灵。

　　2007 年年初，我开始面向社会系统讲授心理防御机制。为了引导学员能够

1

清晰地体会到在压力情境下是怎样下意识地保护自己的，尝试性地加入一个意象体验环节——"挑武器"。

在操作过程中，我越来越发现，这个环节总是能够生动而深刻地反映学员应对人际冲突情境的方式，特别是处理愤怒情绪的方式。武器意象（weapon images）这个媒介能够更好地实现由消极能量向积极能量的自然转化（如由愤怒升华为勇气）。并且，每一个武器（意象）都像是一个独立的人，有自己的出身、姓名、气质、性格、生命历程等，各自拥有独特的功能与价值，甚至需要与特定的使用者相配合方能彰显其功能与价值，宛若苦苦相恋的一对有情人，历经蹉跎，终获幸福。

因为许多来访者和学员的真诚分享，我才有机会一次次地体验到，儿时受哥哥影响捧阅《兵器知识》所了解到的各种兵器常识，以及武侠小说里读到的武学故事，竟与我们心灵世界的某些运转方式交相呼应，这些已知的和未知的，都变得越发地鲜活和灵动了。枪扎一条线，棍打一大片，剑走如游龙，斧舞似雪花，刀砍如霹雳……或许可以说，不是我创造了"挑武器"意象对话技术，而是武器意象"挑选"了我，允许我去体验它们，探索它们。

我十分珍惜这样的机会。于是，我开始有意识地研究并深化武器意象的临床应用，将武器意象与自我防御机制理论进一步结合，然后遵循意象对话心理疗法的操作原则，有针对性地引导学员展开武器意象方面的自我觉察和深层探索，并引导其带着自知去释放相应的消极情绪，将其消极的心理能量自然地转化为积极的心理能量，从而确立健康的心理边界，培养健康的人际沟通理念，促成建设性的应对方式。

我担心这一深入潜意识的临床技术会因操作不当而带来不必要的伤害，所以，每次课程结束时，我都会提醒学员相关的注意事项。该课程使越来越多的学员和来访者获益，有效地解决了亲密关系、亲子关系、权威关系以及社会交往等人际困惑，这也极大地推动了对于该项技术的理性思考与临床总结。

2010 年 8 月，在每年一届的全国意象对话心理学学术研讨会上，我首次向同行完整地介绍该技术及其操作事项。同年荣获"意象对话心理学特殊贡献奖"。2012 年，"挑武器"意象技术获得"意象对话心理学研究中心"认证，并写入《意象对话临床技术汇总》。北京师范大学出版社于 2012 年出版的《意象对话临床操作指南》和 2013 年出版的《意象对话临床技术汇总》，是意象对话心理疗法的阶段性总结和历史性总结——这两本书是意象对话心理学发展史上的标志性著作，标志着意象对话心理学正式成为一个学术流派。

"挑武器"意象对话技术只是这个学术流派当中的沧海一粟。它既有创新，也有局限。

第一，它对临床使用者的要求比较严格。除了在该技术的操作方面有要求之外，因属于心理动力学倾向的临床技术，还特别强调使用者本人的人格完整、坚持自我成长以及不断提升心理健康素养。这个过程需要不断地去觉知自我和成长心灵。因而，无法通过自学来完成。

第二，体验过程并非总是轻松愉快的。该技术属于心理咨询技术，直入想象者的内心深处，经常触动来访者的各种情结（complex）、创伤性体验及其消极感受，这些并非所有的来访者都愿意接受或能够接受。诚然，有临床经验的意象对话心理师能够陪伴并引导其有效地渡过这些"难关"。

第三，它有不适用人群和慎用人群。"挑武器"同其他心理疗法和心理咨询技术一样，无法包治百病。有些人群不适合使用，如重性精神病患者，严重人格障碍患者（如分裂样人格障碍、反社会性人格障碍、边缘性人格障碍等），某些躯体疾病患者(如心脑血管疾病、癌症等)，智障患者等。有些人群则须谨慎使用，如孕妇、产妇、服刑人员、吸毒人员等特殊人群。

第四，入门容易，学精较难。该技术使用的语言媒介是所有人的潜意识都能读懂的原始语言——意象(imagery)，其认知活动和情感活动遵循着跨越了种族和文化界限的、不同于日常逻辑思维的、人类所固有的一种原始的认知方式和情感活动方式，所以，入门很容易。但它背后的理论基础是荣格分析心理学和意象对话疗法，融合东西方心理学和文化知识，遵循原始认知的活动规律和特点，是一个相对独立的"精神系统"或"原始的精神机构"。因此，真正学"精"、学"通"，则需坚持不懈的研修、实践和领悟，比较艰辛。

第五，运用武器意象的象征意义改善心理现实。武器意象源于武器，又超越于武器。它之所以能够成为无意识的语言就在于它的象征价值。换言之，武器意象是象征性的，它能够表达意义。它所表达的往往并非武器形象表面的、直接的意义，而是能够反映潜藏在形象背后的心理现实或心理活动，或是意识层面的，或是潜意识层面的。因而，武器意象本身负载着心理能量，借助象征意义的深层互动，可以更精准、更细微地表达当事人的心理现实，也可以更深入地改善其心理现实。

就解字而言，"武"为"止戈"之意。

客观现实世界的武器是用来伤人或防御的，心理现实世界的武器意象虽不能直接伤人或防御，却可以通过它们所承载的心理能量及其流动方式，实现"攻"或"守"的心理功能。不论是否意识到，不论对此了解多少，这件事每天都在发生着。

我们希望探索出一条科学的路径，能够让精神世界的武器意象升华为自我觉知、促进沟通、和谐人际、成长心灵的一种方法。

如果使用者缺乏必要的心理学素养和意象对话心理学功底，缺乏正确应对消极意象以及化解消极情绪的临床经验，或者不能恪守心理咨询与自我成长的基本原则，则有可能将"挑武器"意象对话技术扭曲为伤害他人心灵的利器。

综上所述，本书的最终目的，不过是想呼吁人们：

觉知"武器"！！减少伤害！！

苑　媛

2017 年 12 月

# 目　录

CONTENTS

# 第一章

# 武器意象的心理学基础
## ——"挑武器"意象技术的心理临床意义

......

## 一、 理论基础

"挑武器"是意象对话疗法的创新技术之一。其理论基础是荣格分析心理学和意象对话心理学中的意象对话疗法。

就系属而言，意象对话疗法与荣格分析心理学的渊源更深。20世纪90年代，中国著名心理学家朱建军教授创立意象对话疗法，不仅将荣格分析心理学在理论和方法上向前推进了一步，运用集体无意识的意象象征意义进行"下对下"的心理咨询，还因吸收了经典精神分析、J. E.肖尔的意象治疗、阿萨鸠里的心理综合理论、人本主义等西方心理学的思想，以及融合了东方传统文化中的佛学和道学精神，而成为兼具民族性和世界性的心理咨询与治疗方法。目前，意象对话疗法是国内受训人数较多的心理疗法。

人类的原始精神机构充满生命力，几乎每时每刻都很活跃，而且其认知层面和认知方式也很独特——是在潜意识（unconscious）层面，运用意象这种人类早期的认知符号去认识世界、感知世界和解释世界，从而使得意象具有了比它本身所指示或表示的更多的含义，即象征。当人们去探索这种象征的意义时，心灵就被引向一种超越性的观念。由于有无数事物为我们人类的理解力所不及，所以我们常常采用象征性表达法和意象来表示它们。但是，这种象征方法的自觉使用只是具有重要意义的心理学事实的一个方面，除此之外，我们还在梦中自发地、潜意识地构造象征。

因此，个体在遇到创伤性的事件并产生一种消极感受时，内心就会形成一个消极的意象，这个消极意象象征着当时他的内心感受和他对这个遭遇的认识（朱建军，2008，p.93）。觉知这个消极意象，就能将其所负载的消极能量转化为积极能量。

"挑武器"意象技术正是运用意象的原始认知活动特点，弗洛伊德称之为"原本过程"（primary progress），以及荣格所强调的象征性的心理意象的作用，关注武器意象所承载的心理现实及其心理能量，特别是与人际冲突、自我防御、愤怒、攻击或敌意情绪相关的心理内容。

通过"挑武器"的意象体验，以意象对话作为理论背景和操作基础，以原始认知方式作为沟通基础，以集体潜意识层面的武器意象象征意义作为沟通符号（朱建军，2006，pp.32～34），同时充分尊重个体化的心理意义，该技术能够生动而清晰地呈现来访者应对人际冲突情境的具体方式，并且，可由此探知他/她所要保护的心理底线和心理边界。

"挑武器"意象对话技术不仅深化了武器意象的理论价值，而且实现了在临床应用上的技术化和操作化。

## 二、 适用范围

原则上，"挑武器"意象技术不受来访者年龄的限制，只要来访者能够表达自己的想象内容即可。由于儿童和青少年的想象速度更快，更少受理性干扰，想象内容更丰富，所以该技术更容易进行操作。成年人仍然适合该技术，只要在进入核心指导语之前，耐心地调整呼吸，引导躯体放松便可。

该技术的适用人群为无精神病性和严重人格障碍的来访者或求助者，自我成长的心理咨询师与心理治疗师（苑媛，2012，p.8）。不适用人群为重性精神病患者，严重人格障碍患者（如边缘性人格障碍、分裂样人格障碍和反社会性人格障碍等），某些躯体疾病患者（如心脑血管疾病、癌症等），智障患者等。慎用人群为孕妇、服刑人员和吸毒人员等特殊人群。

该技术的适用形式包括个体咨询、团体治疗（苑媛等，2013，p.279）和非咨询性质的团体培训。受使用性质和具体目标的影响，不同形式的技术适用深度不同。带有心理咨询、心理治疗和自我成长性质的个体及团体，适用深度相对较深，触及来访者的相应情结和消极情绪更多，对使用者的要求也相对更高。

# 三、 使用目的

"挑武器"意象技术的使用目的有三个：

一是测查人际冲突情境下的应对方式；二是呈现人际冲突情境下的不良应对方式；三是有自知地释放相应的不良情绪，解决人际沟通问题，培养健康的应对方式（苑媛等，2013，pp.278～279）。

# 第二章

# 武器意象的临床操作

## ——如何使用"挑武器"意象技术

· · · · · · · · · · · · · · · · · · · · · · · · · · · · · · · · · · · · · · · · · · · · · · · · · · · · · · · · ·

## 一、 操作步骤

"挑武器"意象技术既适用于个体咨询，也可用于团体咨询和团体培训。

"挑武器"意象技术应用于个体咨询或自我成长时，核心指导语、基本操作步骤及其注意事项与下文所阐述的团体辅导相同。鉴于时间、环境、信任度与安全感等重要因素，个体应用往往比团体应用更深入。

团体应用时，指导者需要面向大多数学员和大多数学员的大多数问题。因此，在进行"挑武器"意象技术辅导时，若突出其体验性、参与性和引导性，效果更佳。当遇到特殊个体时，指导者要及时进行一对一的现场咨询。但个体辅导结束或告一段落时，指导者最好能进行点评，以便让在场的全体学员受益。

"挑武器"意象技术遵从意象对话疗法的基本过程：初始阶段—矫正阶段—结束阶段。由于团体运用要注意的细节更多，所以，下面主要介绍团体"挑武器"意象技术的具体操作步骤。

### （一）引导想象

团体成员围成单层圈坐好，闭上眼睛，就可以开始了。

引导想象包括四个方面：姿势调整，简要说明，躯体放松和用核心指导语引入想象。

### 1. 姿势调整

为了有利于来访者身心放松，来访者要尽可能选择一个舒服的姿势。

来访者一般不需要完全平躺下来，因为这个姿势容易使一些来访者睡着，不利于想象和心理咨询的进行。更何况，"挑武器"意象本身就与心理防御密切相关。

当心理咨询师发现来访者的姿势不利于身心放松时，如双臂抱胸、手托下巴、跷腿、双脚叠加等，应及时地鼓励其放松，指导其进行调节。

### 2. 简要说明

在引导来访者进入想象之前，我们有必要也有义务向来访者进行简要说明，以保证其安全感，打消他们不必要的顾虑。

面对儿童时，这个说明尽量简单易懂、生动有趣一些。例如，"我们一起做个游戏吧，就是你闭上眼睛，我说什么，你就想象什么，然后把你想象的东西说出来。"或者"我们一起编个故事吧，故事的开始是……"

面对成人时，考虑到成人比较理性、防御心理也比较强等因素，我们的解释就要详细一些。比如，"有一个非常有趣的心理测验，就是你闭上眼睛，在我的引导下开始一些想象，你把想象的内容描述出来，就可以测出你的心理状况。"或者在此基础上，再多解释一点儿，"当你说出你的想象时，我会和你对话，这个过程可以帮助你调节情绪、探索内心。"无须全面介绍意象对话的理论，否则会使来访者更加理性，不利于进入想象。

此后，简单说明操作程序和相关要求，主要有以下几点。

其一，请来访者按照心理咨询师的要求进行想象。不必刻意地、努力地去想象，只要放松，意象会自动浮现在脑海里。

其二，来访者在想象过程中，请不要询问自己的意象有什么象征意义，以免中断想象过程。如果很想知道，心理咨询师可以在想象结束之后做一些必要的解释。

其三，在整个想象过程中，来访者都是有意识的，能够自主的。

其四，由于这个想象过程具有心理咨询意义，是在潜意识层面上进行的，所以，最好不要在想象过程中猛地睁开眼睛。请放心，在这个过程中，咨询师会一直跟来访者在一起。

无论是简要解释意象对话，还是说明"挑武器"意象技术的程序和相关要求，原则保持一致：保证来访者的安全感，消除顾虑。

**3. 躯体放松**

做完姿势调节和简要说明之后，引导来访者进一步放松。

引导来访者闭上眼睛，调节呼吸，保持身体姿势的放松状态。用轻柔、和缓的语调指导来访者："放慢呼吸……继续深缓的呼吸……现在，头放松、放松……脖子放松、放松……两只脚放松、放松。"

在此过程中，若发现来访者有紧张的微表情，如皱眉、抿嘴、叩齿、手指交错等，应及时地针对这些部位进行放松。

如果来访者是第一次接触意象对话，或者心情比较紧张，放松的过程可以放得更加缓慢，时间更长一些。如果来访者已经比较熟悉意象对话，熟悉这个过程，放松步骤则可以很简练，甚至只需说一句"放松"就行了。

躯体放松还可以借助一些中性的想象。

例如，引导来访者把自己想象成一根蜡烛，从头顶开始被点燃，"蜡烛燃烧的过程并不激烈，只是使身体感觉更放松、更舒适。现在，头皮开始感觉变软……头部融化，变成温暖的烛油，缓缓地向下流……流到脖子，很温暖，很舒适……流到肩部，肩部变得松软和舒服……整个身体都变得很温暖，非常舒服和放松。"

当确定（所有的）来访者全身都已放松，就可以运用核心指导语引导其进入想象过程了。

**4. 用核心指导语引入想象**

运用的核心指导语及其解释，将在后面单独阐述。

## （二）逐一描述，选择性对话

在团体课程里，任何个体都不能被忽视。他可以不表达，但我们必须给他表达的机会。请每一位学员不加任何分析地描述自己的想象。在此过程中，心理咨询师根据自己的临床经验和学员当时流露出来的情感、情绪，进行选择性和针对性的意象对话。也就是说，在团体课程的"描述"环节，心理咨询师并不需要跟每一位学员进行意象对话，对话内容也不尽相同。

例如，针对某些学员，心理咨询师可能会询问：

"举着这把斧子的人长什么样子？他想砍谁？为什么？"

"这枚导弹如果像人一样有年龄，它有多大了？"

"为什么把枪放在办公室的抽屉里，而把子弹放在家里？"

"当你蹲在盾牌后面时，身体的什么部位最不舒服？心里的感觉是什么？"

"如果你不把匕首刺出去，而是用一句简短的语言来表达心中的愤怒，你想说的是什么？"

……

## （三）按照武器类别分组探讨

由于学员的学习背景不同，其互动方式及课程主题也有所不同。

对于学习过意象对话的团体，"挑武器"可以做成咨询与督导课程。指导者将学员分成三人一组，分别承担"心理咨询师""来访者"和"观察员"的角色，要求以意象对话的方式进行深入，重点在于分析"来访者"武器意象背后所使用的心理防御机制；体会所要防御的具体情绪；"心理咨询师"运用意象对话疗法对"来访者"进行相应的心理咨询；指导者督导各组的心理咨询。

对于没有意象对话学习经历的学员，以及初次接触心理学的学员，讨论主题为："在现实生活中，你是怎样处理人际冲突的？愤怒的底线是什么？"讨论中需要总结本组成员的共性与差异性。重点在于增强认知层面的自知，同时提高社会支持感。

将颇具想象色彩、各自独立、无法按类别入组的武器意象，单独成组，心理咨询师可以根据具体情况命名，或者鼓励当事人自行命名，如"神奇组""飞翔组""幻化组""空白组"……既能提高参与兴趣，也能保证每个成员的带入感。组织讨论时，提醒他们注意讨论差异性。

## （四）各组代表报告，逐一点评

各组代表总结本组成员在讨论主题上的共性与差异性，心理咨询师逐一进行点评。

点评的内容主要包括：讲解武器意象的象征意义，武器意象与自我防御机制之间的关系，在人际冲突情境中使用武器意象的利弊，武器意象对人际关系的破坏与建设，使用建设性的表达方式。

## （五）总结性指导，提醒注意事项

"挑武器"只是了解和理解自我防御的一种方法，或者说是一个路径。无论想象中看到怎样的武器库，选择了怎样的武器，均无高低好坏之分，不过是表达了自我保护的某种方式。

每种武器意象都蕴含着力量与智慧，关键在于怎样去解读、去使用，从而将无意识的自我防御发展成自知自觉的健康应对。

操作时的注意事项详见后文。

# 二、 核心指导语

核心指导语是："想象中，你的面前有一个武器库。看看它是什么样子的？如果愿意，可以用你喜欢的方式进去看看。请选择一件武器，走出来（强调因为是想象，所以不必顾及现实的限制，可以将任何武器带出武器库），把它放到你感觉安全的地方。"

该意象对话属于设定性引导，故使用"武器库"一词，目的在于聚焦，并增强想象者的想象力和选择度。

使用"面前"一词，旨在鼓励和强化面对的态度。

"看看它是什么样子？"是房子意象的细化。房子象征人格的基本状态和情绪基调。在"挑武器"意象的背景下，武器库这一特定的房子意象，可以细致地表达以下四个方面：防御外界人际冲突，保护内心自我的基本状态与基调，愤怒情绪的积压程度，保护愤怒情绪的具体方式。

"如果愿意，你可以用喜欢的方式进去看看。"用这句话表达指导者对想象者的尊重。当他/她不愿意进去时，就引导其在想象中看看武器库的周围，当作房子意象处理（苑媛等，2013，pp.74～77），同样可以体察到其心理防御方式，并促进自我探索和自我觉知。

"请选择一件武器"，一是考虑到团体课程的限制性，二是希望通过第一个选择深入内心（无论凭直觉做出的选择，还是经过理性分析之后做出的选择，第一个选择总是具有特别的意义）。如果是在心理咨询室里进行个体面询，心理咨询师可以更细致地引导来访者选择第二件、第三件，甚至更多，以帮助其细腻地体会在迥然的人际冲突情境下、不同的人际关系里、细微差异的情绪状态下，自己所使用的不同的自我防御机制及其心理获益。

"走出来"，是将内心的一种选择行动化，进一步确定和实现第一个选择。有的学员在武器库中选择的武器与走出来携带的武器是完全不同的，这个细节可以帮助我们体会其内心的冲突或变化。"走出来"也意味着在内心深处暂时离开各种消极情绪所积压、各种无意识的自我防御机制所堆砌的场所，既创造了自知的机会，也带来了脱离沉溺的片刻安宁，同时，也就有机会看到当这种武器意象所代表的防御机制不再被积累或压抑时，它在现实世界里是怎样被使用的。最后这层意思需要在分组探讨时加以明晰。

"把它放到你感觉安全的地方"，这句引导语的设计主要是照顾到非心理咨询性质的团体，大多数学员没有心理学或意象对话疗法的受训经历，心理咨询师有责任建立并维护整个团体的基本安全性和安全感。

对于团体中的每个个体来说，"把它放到你感觉安全的地方"这句指导语的隐意有两个：一是不要轻易使用"武器"，不要伤害他人；二是建立当下的基本安全感，可以留在团体里继续分享。

# 三、 注意事项

"挑武器"意象技术是针对来访者的潜意识心理内容进行探索和工作的，属于"下对下"的工作方式，故而在操作时有些需要注意的地方。

## （一）关注学员描述时的投射性语言

这里所说的投射性语言，仅针对指导语而言。无论是个体咨询还是团体咨询，倾听"挑武器"过程时，能够捕捉到来访者的投射性描述，是迅速了解和理解其自我防御的一个方面，也是初步探索其使用投射机制（projection，是一种心理防御机制和潜意识反应，指个体把自我不能接受的冲动、欲望、感情、观念等向外投到他人或周围事物的身上，以缓解内心的焦虑）的重要线索。

例如，学员在做个体报告时，将指导语中的"武器库"说成是"军火库""弹药库""火药库""炸药库""兵工厂"等，把指导语中的"把它放到你感觉安全的地方"说成"当你让我把武器藏起来的时候"。这种投射性语言本身就是具有分析价值和临床意义的。

## （二）回应学员的每一句话都是建设性的

使用"挑武器"意象对话时，心理咨询师坚守"成长性原则"，反馈给学员的信息都应促进其心灵成长，而不具有伤害性。即使遇到自己毫无了解的武器意象，也要通过倾听、接纳、面对等态度表达真诚。同时，充分尊重学员个性化的自我解读。

## （三）提醒学员使用原则

心理咨询师有责任提醒学员，给课程之外的人进行"挑武器"意象互动时，不要沉迷于具体的武器类别和现实层面的武器特点与使用原则，而是重点关注其使用的情境、功能、其杀伤力或破坏力对于现实人际关系特别是亲密关系的影响。简言之，应重点关注武器意象的心理意义，以及这种心理意义对现实生活的影响。

无论面对何种武器意象，心理咨询师都要坚守意象对话的基本操作原则：不杀人，不毁物，不掩埋，不虚饰，不消灭，不逃避，不放纵。

## （四）建议教师学员不要在第一课堂运用此技术

面对社会群体授课时，心理咨询师会遇到教师学员，出于职业的责任感和敏感度，当他们对这种互动方式很感兴趣或高度认可时，就很容易想到用在自己的课堂上，给学生做，甚至有中小学教师想把"挑武器"做成一堂心理课。

鉴于初学者专业受训经历的限制，本着对学员和使用者负责的态度，我在此特别建议：教师学员不要轻易地在第一课堂运用此技术，尤其对于现实检验能力较弱的儿童。其主要原因如下。

武器意象作为一种文化符号，不仅代表攻击、愤怒或敌意，也常常代表性。用刀、枪、矛象征男性性器时，还带有攻击的含义，表示带有攻击性的性（朱建军，2001，p. 155）。例如，某女生梦见被一个男人追赶，胳膊被对方用匕首刺中，很疼，还流了血，梦中惊醒。这就是一个典型的关于性创伤的梦。梦者在现实生活中经历过性创伤（创伤性事件发生时的年龄未必是做梦时的年龄），她内心感到恐惧和屈辱，害怕别人知道，又不知如何去化解，只得隐忍压抑，于是，通过梦境这一潜意识通道，用象征性的方式释放心中的痛苦。

另外，武器意象背后的理论不仅与自我防御机制理论、意象对话理论相关，而且与经典精神分析乃至整个心理动力学理论相关。若遇到其他的象征意义或较为强烈的消极情绪，没有一定的临床经验是难以应对的。这不但给指导者自身带来困扰，还可能会伤害到想象者。

为引起大家的重视，这里提供一个真实的案例。

2009 年，北京市某小学班主任在参加了我主讲的相关课程之后，感觉颇有收获，不顾"注意事项"的提醒，自行把"挑武器"意象体验带到了主题班会上。一个 12 岁女生在想象中看到一把红色的长剑，当场吓哭，并表示"我很怕那把剑"。该老师不知如何处理，便草草收场。她当着全班同学的面跟这个孩子说："这只是一个想象，没有什么可怕的。"

第二天，该女生以身体不适为由请假，连续三天没去上课。第四天，家长致电班主任，说孩子莫名其妙地不想去上学了，但除了哭泣和发呆，什么也不说，家长很着急，不知孩子到底发生了什么。班主任也倍感惶恐，在其他同事的提醒下，她通过电子邮件告知我此事。我立即对该案例进行了督导。

这一次，班主任非常尽责。她不仅意识到自己的失误，还在接受督导后的第一时间对孩子实施了面对面的专业干预，帮助孩子度过了曾经遭遇露阴癖的心理创伤。至此，我们有幸将一个潜在危险转化为疗愈契机，"二度创伤"也算有了善果。

## 【解析】

并非所有的红色的长剑意象（含梦境）都象征男性性器，且具有攻击性或伤害性。进一步说，也并非所有女孩在意象里见到红色的长剑（含梦境）都代表在现实生活中遭遇了露阴癖，心理咨询师必须结合这个意象的整体情境以及当事人的性别、年龄，特别是情绪反应和内在感受等信息，方能准确解读这个意象的象征意义。

这就是为什么所有的意象对话心理学著作都会反复强调：意象对话是一种心理咨询与治疗方法，不能自学，必须接受系统的专业训练；意象对话心理咨询师必须坚持自我成长，恪守"以求助者为中心"的工作原则，坚守"自知为本""真爱为本""信任与承当为本""现实中行动为本""生命与成长为本"等。

# 第三章

# 常见的冷兵器意象的象征意义

## ——冷兵器意象在潜意识层面的内涵、功能与运用

武器意象的类别划分可以有多种维度。作为意象对话的一种拓展，它沿用了意象类别的划分原则，即在军事常识的基础上，更多考虑武器意象的形状相似或功能相似。

按照出现的历史顺序，武器可分为古代冷兵器和现代武器；按照使用方式，可分为直接使用（如刀、枪、剑、戟、斧、钺、钩、叉）和间接使用（如地雷、导弹）；可以根据是否装有火药以及火药成分的多少进行划分；可以根据是否具有杀伤力以及杀伤力的程度进行划分；可以根据武器的瞄准性进行划分；也可以根据杀伤距离的远近进行划分；还可以根据是否具有自伤的危险加以区别；等等。

每一种划分维度本身也是一个意象，同样具有象征意义。

譬如，火药或子弹象征愤怒情绪的压抑程度，火药的分量或数量越多，代表愤怒情绪的压抑程度越重，大炮意象的愤怒积压程度显然高于步枪意象。在"挑武器"的意象对话中，如果遇到现代武器，特别是枪炮之类的，心理咨询师往往要询问来访者里面是否装有弹药，数量有多少，目的在于了解愤怒的积压程度以及破坏现实人际关系的可能性及危险系数。

杀伤力象征人际冲突波及范围，面积越大，代表人际冲突的范围越广，投射机制使用的频率越高，现实层面的人际破坏性越高，越容易伤及无辜。杀伤距离代表人际距离，所以，惯用匕首和手枪的人，或者说，以匕首或手枪为主导人格的人，常常在远距离的社会关系里具有很强的忍受力或承受力，一旦发飙，受伤最重的将是最亲近和最亲密的人。最亲近、最亲密的人成为最无辜的人，这只是情况之一。

情况之二是远距离的人很难伤到自己，只有亲近的人才会让自己有受伤的感觉。

意象的象征意义有一定的规律，可以通过分析来获得对意象的象征意义的了解。本书仅讲述常见冷兵器意象和现代武器意象的基本象征意义，而无法穷尽所有的武器意象。在临床实践中，经常出现不易划归类别、极具个性、带有丰富的想象色彩的武器意象，为便于讨论，将其单独化为一类，称之为"个性化武器意象"。

兵器自古有之。广义的冷兵器(cold arms)指冷兵器时代所有的作战装备，是不带有火药、炸药或其他燃烧物，在战斗中直接杀伤敌人，保护自己的近战武器装备。

冷兵器的发展经历了石器时代、青铜时代和铁器时代三个阶段。冷兵器按材质分为石、骨、蚌、竹、木、皮革、青铜、钢铁等；按用途分为进攻性兵器和防护装具，进攻性兵器又可分为格斗、远射和卫体三类；按作战方式分为步战兵器、车战兵器、骑战兵器、水战兵器和攻守城器械等；按结构形制分为短兵器、长兵器、抛射兵器、系兵器、护体装具、战车、战船等。火器时代开始后，冷兵器已不再是作战的主要兵器，但因具有特殊作用，一直沿用至今。

仅从兵器的角度，冷兵器可分为十八种，也就是人们常说的十八般兵器：刀、枪、剑、戟、斧、钺、钩、叉、鞭、锏、锤、抓、镗、棍、槊、棒、拐、流星。然而，单是中国武术中的兵器就远不止十八种，如果加上各种奇门兵器和形形色色的暗器，其总数恐不下百种。

中国古代兵器的种类堪称世界之最，不完全是因为那个年代的贵族普遍尚武，还有殉葬与厚葬制度的缘故（如越王勾践剑、吴王夫差矛等）。受到本土文化的深刻影响，在意象对话的临床实践中，中国人想象出来的冷兵器也多为中国古代冷兵器。对此，最有力的解释就是"文化认同"和"集体潜意识"。

人类自诞生以来，就有生存焦虑，需要不断地与各种自认为的"危险"以及真正的危险相抗争。因而，武器不仅成为人类的特殊"工具"，还走入了语言系统，以成语俗谚的方式流传世代。譬如，兵不血刃、单枪匹马、弹无虚发、一箭双雕、借刀杀人、反戈一击、枕戈待旦、剑拔弩张、刀光剑影、大刀阔斧等。

有时，兵器还能成为身份地位的象征。正所谓"国之大事，在祀与戎"，如杨门女将佘太君的龙头拐杖、日本江户时代的武士刀、军官手杖等。

在武侠小说中，兵器的作用经常被神话，如孔雀翎、判官笔、点穴针、阴阳锐、小李飞刀、七星绝命剑、夺情剑、水磨钢鞭等。

中国古典小说人物也常配以不凡的兵器，如关公青龙偃月刀、张飞丈八长矛、吕布方天画戟等。当来访者在潜意识里认同这些武器的主人时，就会倾向于下意识地选择相应的武器意象。这类武器意象除了具有其意象本身的象征意义之外，还渗透着原初主人的人格特点，甚至包括这个人物的心理创伤。因而，在解读这类意象以及进行意象对话时都要把它们考虑进来。

通常，与现代武器意象相比，"挑武器"意象惯用冷兵器的个体，性格更为坦诚、直爽、直接。在人际冲突情境中，敢于直接面对，甚至针锋相对。

鉴于武器材质象征人格的基本特质，所以，同样是冷兵器，木制的又比金属材质的更加朴实、单纯、自然，也更害怕人际冲突。用一句话来描述，就是"麻秆儿打狼两头害怕"。

"木"之所以具有朴实、单纯、自然的心理品质，主要是因为木为宇宙间的自然生长之物，其存在方式是天然、朴实、单纯的。

惯用木质兵器的人，犹如一个以木为基本人格特质的人，潜意识里怕火。火作为一种自然物意象，具有多个象征意义（如生命力、诞生、激情、危险等），其中，与情绪最相关的是愤怒。以木为基本人格特质的人害怕愤怒情绪，既害怕激惹他人的愤怒，也害怕表达自己的愤怒，故在现实行为层面会表现得尽量回避人际冲突，十分善于忍耐。

在木中，最不结实的是草。选择草制武器意象的来访者，往往害怕多种消极情绪，如愤怒、伤心、恐惧等。原因很简单，草怕火，怕风，还怕水。而在某种情境下，火、风和水都可以象征消极情绪。所以，来访者貌似选择了一件武器（如草编的盾牌、草质盔甲），其实几乎没有抵御能力，现实生活中的自我保护方式往往是"一忍再忍""忍无可忍也要忍"，甚至"逆来顺受"。诚然，这类来访者如若并非天性使然，往往是有创伤性体验或情结的，通过专业的心理咨询，均可得到一定程度的改善。

另外，冷兵器不含爆炸物，使用时需要较近距离的直接接触。因此，愤怒压抑程度相对低一些，伤及无辜的可能性也低一些，但需要增强自我保护意识和处理问题的灵活性。

值得注意的是，来访者在想象中进入武器库之后，如果强调某个特定的人物，除该人物所带武器意象自身的象征意义之外，还呈现出该人物意象所具有的独特的人格特点。比如，意象中出现鲁智深。众所周知，鲁智深是《水浒传》108将中唯一佩戴两种兵器的人物：一是禅杖，二是戒刀。鲁智深的主导人格意象是大象：智慧、善良、自信、从容不迫、心理力量大、粗中有细。故此，他的禅杖犹如象鼻，戒刀酷似象牙。

# 一、 刀剑类

在深入探索刀剑类武器意象的象征意义之前，不得不先了解一下其主要材料——金属的心理象征意义。

从材质的角度来讲，刀剑类武器意象多为金属质地。金属为人类文明的产物，属于人造物，并非自然界原本具有的物质。新石器时代结束后，人类进入金属文化。金属文化带有更多的理性与理智，所以，金属意象首先具有理性和理智的心理象征意义。

从化学的角度来讲，金属是一种具有光泽（对可见光强烈反射）、富有延展性、容易导电、导热等性质的物质。其质地比草木等自然物更坚硬、更结实，密度较大，致密度更高，故有坚强、刚硬、顽强、固执等象征意义。

在形态上，除了汞是液体之外，其余金属均为固体。作为一种文化符号，"固体"本身就是一种心理意象。由于它比液体和气体拥有更固定的体积和形状，质地更坚硬，从而具有稳定、沉着、重视原则与规范、牢固等象征意义。

从水溶性的角度来讲，金属一般不溶于水，或者难溶于水。水意象代表生命力、情感的滋养、创造、繁殖、女性、性等。不溶于水或难溶于水，意味着意志坚定、不易情绪沉溺、较少情绪化、压抑情感等。

从货币史的角度来讲，金属货币因其价值稳定以及便于流通、保存、携带和分割，而在使用中逐渐取代自然物货币（如海贝）和其他商品货币（如布帛、皮革、禽畜、粮食、茶砖等），并经历了从贱金属（如铜）到贵金属（如金银），从称量货币到铸币的演变。自中国北宋时期四川地区出现最早的纸币——交子，发展至今，世界各国的货币制度几乎都是纸币本位制，金属货币以及金属所特有的价值也并未退出历史舞台。因此，金属在人们的潜意识里，还象征精神财富。

简言之，以"金属"为主导人格的人，或更多选择金属武器意象的人，具有金属一般的心理品质：理性、理智、坚强、刚硬、顽强、固执、稳定、沉着、重视原则与规范、牢固、意志坚定、不易情绪沉溺、较少情绪化、压抑情感、富有精神财富等。

诚然，具体情况还要具体分析。

无论是意象对话、释梦、沙盘解读，还是"挑武器"意象互动，均须联系当事人意象（梦境和沙盘也是意象）的上下文，万不可生搬硬套。这一原则适用于所有的心理分析和心理咨询。

## （一）刀

刀，素称"百兵之胆"，是近距离砍和劈的单兵格斗冷兵器。

刀由刀身和刀柄两部分组成。刀身狭长，刃薄脊厚。刀柄或长或短。其种类很多，有唐刀、大刀、腰刀、战刀、环首刀、大环刀、凤嘴刀、梅花刀、春秋大刀、三尖两刃刀等，有双手使用的朴刀(刀柄比大刀的短些，刀身窄长)，还有苗刀、壮族尖刀、彝族插刀、蒙古刀等。早期为石刀，后来发展为青铜刀、铁刀和钢刀。

就用法而言，与剑相比，刀略显钝。刀的套路虽有单刀和双刀两种，却均以劈砍为主，且使用时，必须用力挥刀，否则即使做了劈砍的动作，也可能未伤及要害，甚或劈空、砍空。若用力过猛，刀刃深陷于硬物而无法拔出，还可能贻误战机，给自己带来危险。

另外，不论是单刀，还是双刀，都有缠头撩花的动作——示威与防御之意。相传，这个动作做到极致，犹如一道幕墙，水不进，枪不入。

因此，在"挑武器"意象互动中，选择刀意象的想象者宛如"刀客"。传统意义上的刀客是指以刀为武器的江湖勇士，在刀法上有所成就，并以此行侠仗义的武者。刀客常有西北汉子的憨直与坦荡，勇敢威武，雄健有力，但灵活度较弱。

单刀意象和双刀意象略有细微差异。由于单刀要求勇猛迅疾，而双刀更富于观赏性，好手舞起，犹如团雪滚滚，只闻刀风，不见人影，所以，选择双刀意象的来访者，往往多一分表演性或展示性。

借此说明，心理学里所讲的表演性或展示性，并无贬义，是一个中性词。临床心理学更多强调的是"自知"。有自知的表演性是健康的；不自知的，甚至无意识的、夸张的表演性，则为癔症性(hysteria)，目的在于获得关注。

就刀的心理品质而言，它锋利、强韧、耐蚀。换言之，以"刀"为主导人格的人，具有刀的心理品质——勇敢、憨直、坦荡、有力量感、坚韧、刚强、耐挫能力强。

临床上，有时会遇见选择菜刀的来访者。菜刀也是刀，但与一般意义上的刀有所不同。菜刀更容易伤及近距离的人，即亲近关系，且有较大的破坏力和伤害性。这意味着，来访者需要更多学会处理亲近关系里的沟通问题和关系建设问题，如亲密关系(心理学中狭义的"亲密关系"指夫妻关系)。

曾有一位女性来访者，在想象中快速而坚定地选择了一把菜刀，放在家中卧室的枕头底下。

心理咨询师："如果有机会使用，你会怎样？"

来访者："劈了我老公。"

心理咨询师："如果把举起菜刀、劈下来的那股劲儿，变成简单的一句话说出来，那句话可能是什么？"

来访者停顿了一下："你太让我失望了！"

心理咨询师："好，请你集中注意力，心里用上劲儿，在想象中对老公说出这句话……你现在是什么感觉？"

来访者："我很难过。"

心理咨询师："说说你的难过。"

来访者："我跟了他这么多年，付出了那么多，他都没有认可过我……"

心理咨询师："你最想得到谁的认可？"

来访者："我爸爸。"

这段咨询清晰地呈现了来访者在亲密关系中的情绪分层。菜刀初次现身时，杀气腾腾，看似代表愤怒和不满。稍加探索，便会发现，其实愤怒和不满的背后是失望。当来访者有机会表达失望时，才觉悟到，原来失望源于难过，而这份难过始于儿时对父亲的期许，老公不过是一个无意间触碰了自己儿时的创伤，且与父亲具有相似的特点（不善于表达认可）的人。

因此，接下来的心理咨询工作分为三个层面：一是处理父女关系里的创伤性体验（或许涉及真实发生过的创伤性事件）；二是处理自卑情结，学会自我认可；三是重新梳理夫妻关系（特别是心理关系），指导来访者学会建设性表达和关系建设。

🍎 **【解析】**

　　从上面这个案例可以看到，虽然每一个武器意象（其实所有的意象符号均如此）都具有一定的基本象征意义，但是，当它与一个具体的背景、具体的故事和具体的人相结合的时候，就会变得更加丰富和细腻。心理学领域的专业工作者甚至可以把它当作一个切入点，不断深入地探索当事人（既包括来访者，也包括想象者）的内在感受、心理防御模式以及非常个性化的情绪分层，并由此促进当事人的自我探索和心灵成长。

## （二）剑

　　剑，素有"百兵之君"的美称，属于近战刺杀和劈砍的尖刃冷兵器。

　　中国最早的剑是西周时期的青铜剑。随着科学技术的发展，后来出现了铁剑和钢剑。《中国古代兵器》一书曾这样评价剑，"在汉代末期完全退出战场，但是它的象征意义却从未在中国人的心目中褪过色，甚至还结合了道家的神秘色彩，被盖上一层玄之又玄的厚厚面纱""不论王公贵族、武林豪侠，仍然喜欢练剑、佩剑，我们可以说，剑虽然在战场上没落了，但在民间它始终保有王者的地位"。

　　其实，在东方文明与西方文明中，剑都是"古之圣品"，至尊至贵，人神咸崇。从王公帝侯、文士侠客到商贾巨富，都喜欢随身佩剑以显高贵。剑也常被当作一种仪式道具。例如，在中国道教仪式中，剑经常被当作一种降妖伏魔的法器。在欧洲，剑还被用于册封爵士和骑士，这个习惯流传至今。所以，剑意象可用来代表高贵。

　　剑，分为剑身和剑柄两部分。剑身细长，两侧有刃，顶端尖而成锋——代表锋利、尖锐。剑柄短，便于手握。在现实生活中，用剑的制胜动作是"刺"，刺向对方要害，甚至一剑毙命。"剑刺"象征着攻击或愤怒的针对性，可以演化成犀利的语言或文章。面对人际冲突情境时，"剑刺"具有一定的破坏力和伤害性。

在想象中，配有剑鞘的剑意象，比直接暴露在外的剑意象多一层掩饰，也多一层保护——"剑鞘"象征情感、情绪的自我控制。

这种自我控制有时代表不够灵活，特别是与短小精悍的匕首相比。

---

中国历史上，长剑与匕首最著名的一次交锋当属荆轲刺秦王的故事。

据《战国策·燕策三》记载，公元前227年，荆轲带着燕督亢地图和樊於期的首级，前往秦国刺杀秦王嬴政。临行前，很多人在易水边为他送行，场面颇为悲壮。告别时，荆轲吟唱："风萧萧兮易水寒，壮士一去兮不复还。"

到了秦国，秦王在咸阳宫召见了他。献图时，图穷匕见。他抽出匕首刺向嬴政。嬴政一时惶恐，边后退边拔剑，怎知剑鞘太长，慌乱中无法拔出。

在这危急时刻，一个大臣高喊："大王负剑！"这是在提醒嬴政，赶快将佩剑从腰侧推向背后，以便用右手轻松拔剑。得此提醒，嬴政顺利拔出1米多长的佩剑，将荆轲刺死在殿前。

---

📖 【解析】

武器意象的大小和尺寸，不仅体现了其所蕴含的心理能量的大小，还可以通过其具体的使用方式，传达出其心理功能和防御方式等信息。

可见，短小似剑的匕首，其携带与使用都比剑更灵活。也就是说，在面对人际冲突时，匕首意象比剑意象更具隐蔽性和灵活性。

如果在想象中，不仅有剑鞘，而且剑鞘意象强调刻有龙蛇花纹或雕饰，则代表当事人在潜意识里追求权威感或威严感，并喜欢向世人展示这种震慑力。

"缨"，为剑穗，是剑柄悬挂的装饰。配有剑缨或剑穗的，称为"文剑"；无穗的剑，称为"武剑"。剑穗象征表演性，犹如冷艳女子的飘然裙带，似风，似羽。暖色调的剑穗更有热情，冷色调的则更具理智。

剑最突出、也最可贵的心理品质是追求正义与公正。古今中外都能找到剑代表正义的文化证据。世间大不平，非剑不能消之。古老传说与历史中的名剑，也格外凸显了这一点。比如，倚天屠龙剑、干将莫邪剑和达摩克利斯之剑等。

以古希腊的神话人物"正义女神"为例。

> 在古希腊神话里，主持正义和秩序的女神叫忒弥斯（Themis）。她是大神乌拉诺斯（天）和盖亚（地）的女儿。她的名字原意为"大地"，转义为"创造""稳定""坚定"，从而和法律发生了联系。
>
> 另一位正义女神是狄刻（Dike）。她在地上主持正义。狄刻的造型是一位纯洁无瑕的清纯少女。在罗马神话里，她掌管白昼与黑夜大门的钥匙，监视人间的生活，在灵魂循环时主持正义。她常常手持利剑追逐罪犯。
>
> 到了古罗马时期，"正义女神"整合了忒弥斯、狄刻、阿斯特赖等诸多正义女神的形象——身穿白袍，紧闭双眼或眼蒙布条，头戴金冠，一手持天平，一手持宝剑。造像的背面往往刻着古罗马的法谚："为实现正义，哪怕天崩地裂。"

【解析】

白袍，象征刚正不阿。闭眼或蒙眼，代表关闭感官印象，司法只靠理智。头戴金冠，象征正义、无比尊贵，至高无上。天平代表公平，在正义面前人人平等，人人皆得其所值。宝剑代表正义，制裁严厉，绝不姑息，全然不受爱恨情仇的影响。"为实现正义，哪怕天崩地裂"，象征正义永恒的坚定信念。

因此，选择剑意象的人，或者以"剑"为主导人格的人，常有"侠士"风范，喜欢维护公正与道义，对人对己都无法忍受不公、不正、失义、无德，从而也就比别人多了一种超越个人私愤的愤怒——义愤。

出于义愤而勇敢亮剑的人，能够为了维护公正道义挺身而出，不惜牺牲个人的情感与利益，甘愿忍受孤独寂寞与世人的不解，不惜付出任何代价，哪怕是自己的生命。因此，"亮剑"成为一种气魄和品质，也成为一种力量和精神！即使明知不敌，狭路相逢，也要毅然决然地亮出自己的宝剑。正所谓"狭路相逢勇者胜"。这就是中国"剑文化"中最核心的气质。

这份悲壮的情怀，同时也彰显出"双刃剑"的心理意义。

剑有双刃，象征他伤与自伤。用得好，伤人护己；用得不好，伤人伤己。所以，"剑客"在使用像剑一样的锋利与坦直时，请注意保护自己，尽可能降低代价或避免不必要的代价。

综上所述，剑意象如同独行江湖、道义天下的侠士剑客——自信、坦荡、勇敢、坚定、锋利、敏锐、果断、有担当、维护公正道义、品性高贵、悲天悯人、内心孤独。

## （三）匕首

据传，中国早在尧、舜时期就有匕首。因其形状似匕（古代膳食所用的器具——勺子），故而得名。

匕首是短小似剑的冷兵器。匕首由刀身和刀柄两部分组成。有单刃和双刃之分。它历史悠久，种类繁多，用途广泛。古有石匕首，清刚，龙鳞，梅花匕，百辟匕首，羊角匕首（《虞初志》："有尼授聂隐娘羊角匕首，广三寸，为其脑后藏匕首，而无新伤，用即抽之。"），徐夫人匕首等，今有 STRIDER MANTRACK 1 BIG，STRIDER AJAX-MANTRAVK 2，STRIDER GB，RIDER MSC 7.5 等。

匕首耐腐蚀，硬度高，利于刺。这不仅是匕首的特点，也代表一种性格特点：耐受力较好、坚强、顽强、简单直接。

"简单直接"的另一种表现是，匕首的制作极为简单，甚至摔破石头就可以制作。加之短小锋利，便于携带和藏匿，所以，即使在现代武器十分发达的今天，匕首仍是军人无法离手的原始武器。

匕首的刀身部分酷似剑尖，最具杀伤力的用法是"刺"，所以，具有"剑刺"的象征意义——一是勇敢，如李白的《侠客行》所云："少年学剑术，匕首插吴鸿，由来百夫勇，挟此生雄风。"；二是针对性较强，毙命性（即心理伤害性）较高。

通常，匕首是在近距离范围内使用。这意味着在"挑武器"意象里选择匕首意象的来访者，最容易伤害的往往是心理距离较近的人。

与刀剑相比，匕首更具隐蔽性（不可否认，隐蔽性最强的冷兵器当属暗器），易携带，不易被发现，在近距离内，取准既易，力道又猛，可刺中要害，比剑更狠。这也是选择匕首进行防御的重要原因——距离很近。

因此，以"匕首"为主导人格的人，格外需要学会处理亲近关系中的问题，学会建设性表达，并提高对投射机制的觉察，否则，一不小心就会伤及亲近的人。

旧时的武林中人常把匕首藏在腰间，或掖在鞭筒里，可随时拔出用于袭敌，于是又成了暗器。其心理象征意义是，隐蔽性更高，压抑感更重，一旦情绪失控，对于现实关系的伤害性更大。

隐蔽性更高的另一个依据是，刀出刀入时，匕首声音微小。善用匕首者——无论是现实层面，还是心理层面——都善于忍耐。因其简单直接的性格特点，容易"记仇"，愤怒或敌意可以在心里积压很久，爆发时，可能会不计后果。所以，一般情况下，使用匕首时，需将其几乎所有的刀刃部分都刺入对方体内，才有可能致命——这种"狠"劲儿，既是情绪的压抑，也是情绪的爆发。

现实中，为了增强匕首的使用功能及其功效，人们常常会在刀体、刀背或刀刃等地方进行改良。例如，在刀体部分做出血槽，以便顺利拔出。这些改良体现在意象中，则另具心理意义。

如果来访者在意象中强调匕首的刀体部分有宽血槽，或者刀背开了锯齿，抑或在一侧刀刃开有钩形刃（如伞兵刀），其心理意义有三个：一是象征灵活性较强；二是象征愤怒压抑程度较高；三是象征潜在的伤害性较大。

匕首与众多的武器不同，它不仅仅用以防身御敌，还是野外生存的重要工具。以军人为例，美国特种部队在丛林生存训练中，要求受训官兵只带军用匕首和指北针，或者可以拿其中一样换成一壶水。训练要求在模拟敌后的条件下，按照规定时间，只身到达地图所标定的规定地点。在训练中，极少有人将匕首换成水。外军生存教官强调，身处险境时，要养成随时检查刀具的习惯。对此，从心理象征的角度理解，匕首还代表高度警觉。

## （四）戟

戟始于中国商周，是一种戈、矛合一或矛、斧合一的冷兵器。

戟既有直刃，也有横刃，多呈"十"字形、"卜"字形或"井"字形，具有砍、钩、剥、刺、撩、架等多种用途，其杀伤力超过戈和矛，被宋代《武经总要》列为"刀八色"之一。所以，戟有"一条龙"的说法，即龙头、龙口、龙身、龙四爪、龙尾。其头能攒，口能刁，身能贴、靠，爪能抓，尾能摆。用法上，戟有青龙探爪、黑龙入洞、懒龙翻身、乌龙摆尾等招式。

古代对敌作战时，戟刀好似前尖边锋，声东击西，虚实多变。这一作战特点象征灵活和高难度。

因而，以"戟"为主导人格的人，必然具有戟的心理品质：自信、坚定、灵活多变，或追求灵活多变，喜欢挑战高难度。

鉴于中国古代的戟和欧洲戟有差异，做"挑武器"意象对话时，需要引导想象者描述清楚戟意象的具体形象，主要包括质地、形状、尺寸、功能、用法等。

欧洲戟大多数是斧与矛的结合，尤以瑞士长戟最为著名。它体长2～3米，可以发挥刺、挑、劈、砍等多种功能，还可以用弯钩把骑士钩下马来。在燧发枪和刺刀出现之后，欧洲戟就逐渐在军队中消失了。但是，时至今日，梵蒂冈卫队仍然在使用戟。

相比之下，长戟意象代表更易伤及心理距离较远的人，短戟意象则代表容易伤及心理距离较近的人。

戟头有两个月牙，杆上有戟形，如画字，朱漆为饰，故名画戟。戟在南北朝以前是一种很流行的兵器，分为长柄单戟和短柄双戟两类。长柄单戟又分两种：在末端置有左右两个月牙的，叫"方天戟"；仅有一侧有月牙的，叫"青龙戟"。

顶端"井"字形的方天画戟，因戟杆有彩绘装饰，亦称"画杆方天戟"。一说到方天画戟，大家很容易想到吕布的方天画戟。但有学者研究发现，历史上第一只方天画戟的使用者并非吕布，而是项羽。它由楚国第一美女虞姬亲自画图，天下第一铸剑大师方大丁耗时一个月打造而成。这种三角形利刃矛头，旁边带一个弯月形锋刃的武器，是虞姬发明的，故初名"姬画"。后来为显霸气，更名为"方天画戟"。

如果这个研究结果真实可靠，那么，戟意象便增加了"霸气或追求霸气"的象征意义。

历史上，戟初为兵器，后因制作繁复和使用难度较高而演化为仪仗、装饰之物。比如，帝王驾前，卫士执戟侍立。明代著名人物于谦的《漫题屋壁》诗末两句曰："门前无列戟，错认野人家。"由此可见，列戟成为身份地位的象征。富户条案上的古瓶里，通常插银戟。这时取戟与"给"的谐音，象征富贵、富裕、自给自足。

为此，心理咨询师进行"挑武器"意象对话时，需要引导来访者觉察清楚，他/她所选择的"戟"，是为防御，还是仅为装饰？若为装饰，它的心理功能就变为"摆在那儿看看"——既给自己看，也给别人看。不论是给自己看，还是给别人看，心理动机都是一样的，展示其自信、坚定、灵活多变，或追求灵活多变，喜欢挑战高难度。

## （五）斧

在汉语体系里，有许多与"斧"相关的成语。诸如，班门弄斧、大刀阔斧、鬼斧神工、鬼工雷斧、斧钺汤镬、不避斧钺、斧钺之诛等。可见，斧的功能比较多，除了用作武器，还可用作工具和刑具等。

斧子分为长柄单斧和短柄双斧。古代作战时用的斧，多是长柄，俗称"大斧"，属于长兵器。短柄斧，俗称"板斧"，《水浒传》中的李逵即用此物。

就用法而言，斧以抡、劈为主。无论长柄单斧，还是短柄双斧，无论作战，还是劈柴，均需运足力气，扬起胳膊，才能做出抡和劈的动作来。最具杀伤力的就是"劈"。在"劈"的一瞬间，使用者需要屏住呼吸，用足力气，甚至下意识地紧闭嘴唇，鼓脸瞪眼。这一连串的动作和微表情都是意象。其心理意义是，斧意象可以用来象征积累、攒劲儿、有力量。

东西方文化中最神奇的，也最能体现力量感的斧，应该是盘古开天辟地所用的开天神斧。

据《三五历纪》和《广博物志》记载，盘古又称盘古氏、混沌氏，是开天辟地、造化万物的始祖。

很久很久以前，天和地还没有分开，宇宙混沌一片。有个叫盘古的巨人，在这混沌之中，沉睡了十万八千年。有一天，盘古突然醒了。他看见周围一片漆黑，就抡起大斧，朝眼前的黑暗猛劈过去。只听一声巨响，混沌一片的东西渐渐分开了……轻而清的东西，缓缓上升，变成了天；重而浊的东西，慢慢下降，变成了地。

天和地分开之后，盘古担心它们还会合在一起，就头顶着天，脚蹬着地，使劲儿撑着。天每日升高一丈（一丈约为3.3米），盘古也随之越长越高。就这样，不知过了多少年，天和地逐渐成形，盘古也累得倒了下去。

盘古倒下之后，他的身体发生了巨大的变化。他呼出的气息变成四季的风和飘动的云；他发出的声音化作隆隆的雷声；他的双眼变为太阳和月亮；他的四肢变成大地的东、西、南、北四极；他的肌肤化为辽阔的大地；他的血液变成奔流不息的江河；他的汗水化作滋润万物的雨露……

**【解析】**

如果来访者在"挑武器"意象的体验中，选择了这种类似的、具有非常能力的神奇的斧子，则表示，该想象者在潜意识里十分渴望拥有力量感和强大感。一般说来，一个人之所以追求超乎寻常的力量感和强大感，往往是因为内心有较为强烈的弱小感；对此，要么缺乏觉知，要么不敢承认。所以，真正需要解决的问题是，接纳内心的弱小感，从而获得健康意义上的强大感。

临床上，来访者选择板斧意象时，经常会提到"李逵"这个人物，甚至在想象中看到"李逵"的形象。对于这种情况，心理咨询师在分析板斧的象征意义时，就不得不考量"李逵"这个小说人物的性格特点。

在中国四大古典名著之一《水浒传》里，李逵是沂州沂水县(今山东省临沂市沂水县)百丈村人氏，粗壮黝黑，小名"铁牛"，江湖绰号"黑旋风"。他惯用一对板斧，人称鬼王斧。

他坦直、率真、忠诚、勇敢、仗义、孝顺、粗心、鲁莽、好战。因打死了人，而逃离家乡。遇到赦宥，被戴宗留在江州当牢子。后来为了解救宋江和戴宗，勇劫法场，与众人大闹江州。他背着老母亲上了梁山。母亲不慎被老虎吃掉。他怒不可遏，连杀四虎。

李逵感念宋江的知遇之恩，格外忠诚，平日里和宋江也是无话不谈、直来直去。征缴方腊之后，梁山头领当中只有少数人活了下来，骁勇善战的李逵便是其中之一，获封镇江润州都统制一职。后来，蔡京、高俅等人，以御酒之计，谋害宋江。宋江喝下毒酒。由于担心李逵为了报仇而再度啸聚山林，招来杀身之祸，就把李逵请来，让他在不知情的情况下也喝了有毒的御酒。事后，宋江告知真相，李逵却说："生时服侍哥哥，死了也只是哥哥部下的一个小鬼。"遂毒发身亡。仅是最后一句遗言，已经足以见证李逵的忠诚。

### 【解析】

除此之外，"铁牛"和"黑旋风"这两个名号，也与斧意象非常相符，具有典型的胆汁质的气质特点——直率而不够灵活，热情、积极、勇敢、有魄力、勇于承担责任、坚韧不拔，但脾气暴躁，情绪容易激动，表情明显外露，过分自信，有时因独断专行而影响人际交往。

因而，以"斧"为主导人格的人，或选择斧意象的人，在保持自信、率真、勇敢等积极品质的同时，如果能够增加灵活度，有意识地控制情绪，降低冲动性，人际关系将会更和谐。

## （六）钩

钩为多刃器械，其身有刃，末端为钩状，护手处作月牙状，有尖有刃。从卫墓出土的铜钩来看，钩的形状似戟，只是戟的上边为利刃，而钩的上边是一线钩形，故名钩。颜师古注："钩亦兵器也，似剑而曲，所以钩杀人也。"春秋时期，钩与戈、戟并用。

钩有单双之分。因形式不同，各有得名。比如，鹰嘴钩，钩尖似扁担头；鹿角钩，钩身有叉，形同鹿角；风火钩，俗称"铁烟斗"，可吸烟，亦可点穴、防卫。

练钩的要求比较高，不能有缠头裹脑的动作，也不能舞花，须有起伏吞吐的身法加以配合。练起钩来，形如波浪，转折起伏甚是优美，故有"钩起浪势"和"钩走美势"之说。双钩更难练。相传清代中期，窦尔敦曾以双钩闻名。

钩具有独特的风格。走钩似飞轮，转体如旋风，吞吐沉浮，劲力刚猛，连绵不断，气势雄伟。只有刻苦练习，才能如此熟练。所以，善用钩或钩意象的人，也善于忍耐和承受。即使情感受重创，仍能蓄积很久才找机会爆发。

在战场上，用钩伤人必须当机立断。虽然未必一钩毙命，却能在杀伐决断中，致使对方肢体分离。因此，有所谓"离别钩"的说法。这一作战特点，体现出钩意象一个重要的象征意义：有较强的决断力。

作为一种冷门武器，钩的招数诡异多变，但其自身并不具备很强的攻击性，在防御和攻击方面均无明显优势。

值得注意的是，在心理学领域，"攻击性"是一个中性词，没有褒贬之分，仅是用来表达愤怒情绪的。比如，当我们心生愤怒的时候，每个人处理愤怒情绪的方向是不同的。有的人是生闷气——向内攻击，有的人是任意撒气——向外攻击。每个人处理的方式也不一样。有的人直接说出来——主动攻击，主动表达，而有的人表面上说软话，却让别人心里内疚、难受——被动攻击（passive aggression，是一种无意识的心理防御机制），用唤起对方内疚感的方式来控制对方，乃至控制彼此的关系。

所以，以"钩"为主导人格的人，或选择钩意象的人，在人际交往中，特别是在亲密关系里，应该有意识地将被动攻击变为主动表达——既不压抑自己，也不伤害别人，主动表达自己的内心感受或愿望。

## （七）锤

在中国和欧洲（骑士），关于锤的记载也有很多。锤的种类比较多，如梅花锤、流银锤、青龙锤、灭地锤、斗银锤、金瓜霹雳锤……

锤之沉重，象征力量与威慑。在实际作战中它能对付身穿重甲的武士。这是锤的作战优势。为此，要求其使用者拥有较大的力气，且步伐稳健，否则，舞动起来身体容易失去平衡。

同时，锤之沉重又带来了不可避免的劣势——灵活性和精准性较差，缺乏灵动性和机敏性。

在欧洲，为了对付全副板甲的骑士，军队大多装备沉重，很少有人能用锤作战，于是有了著名的"皇家之锤"和"铁锤理查德"。

在中国，南宋名将岳飞的长子岳云手持银锤横扫金军，《封神演义》中的少年英雄黄天化用一对斗大银锤立下赫赫战功。最著名的锤，当属"隋唐十八好汉"之首李元霸的那对金翁破天锤。

在古典小说《说唐》以及评书《兴唐传》和《瓦岗英雄》中，李元霸被称作"天下第一好汉"。他是李渊的第三个儿子，唐太宗的弟弟，被封为卫怀王。他力大无穷，捻铁如泥，两臂有四象不过之力。手持一对重达 400 千克的铁锤，纵横天下无敌手。坐骑"万里云"，日行一万，夜走八千。

在《说唐演义全传》里，李元霸是上界大鹏金翅鸟临凡。晋阳宫比武，力挫天宝大将军宇文成都，一战成名。后奉旨赶赴四明山保驾，三锤击败裴元庆（位居好汉排行榜第三），一个下午就把十八路反军 180 万人马杀得只剩 60 多万。他曾经见义勇为，解救清官刘文静。后来，在紫金山再挫各路反军，独收玉玺。收军回长安时，举锤骂天，遭雷轰而亡。

# 二、 棍棒类

## （一）棍、槊、棒、擀面杖、鞭

### 1. 棍

棍与棒是有区别的。短者为棒，长者为棍。古书云，齐胸为棒，齐眉为棍。棍是历史最悠久的长兵器，最早叫"殳"（音同"书"，古时的殳用竹竿制成，有棱无刃）。

一说到棍，我们很容易想到少林棍。少林是中华武术中体系较为庞大的门派，而少林武僧擅用棍。所以，少林棍不仅被少林武僧奉为"百兵之祖"，在社会中还被称为"诸艺之宗"。倘若当事人的棍意象强调是"少林棍"，那么，除了下文讲到的棍意象的基本象征意义之外，还要多考量两个象征意义：一是善于或惯于压抑情感；二是成就动机较高，进取心强。

棍有多种。形式上，有长棍、齐眉棍、三节棍、梢子棍等。质地上，有木棍、铁棍、铜棍等。

木棍最为常见，有韧性，较轻便。棍意象象征耿直不屈，简单直接，实而不华，没有虚荣心。

棍法以威猛快速为上，多有旋扫及舞花动作，打击空间较大，故称"棍打一大片"。"棍打一大片"代表情绪爆发或失控时，杀伤范围扩大，有可能伤及无辜。这也是棍与枪（这里指冷兵器的枪）的重要区别之一：枪扎一条线，棍打一大片。

有一种棍，不得不提——节棍。所有的节棍，都具有不同于其他棍的心理象征意义：刚柔并济，稍有不慎，易伤自己。下面简单介绍双节棍和三节棍。

双节棍短小精悍，能收能放，软中带硬，柔中有刚，近战时颇具威力，普通人也能打出 80 千克以上的力。若高速挥舞起来，双节棍的落点可以产生大约 725 千克的力。殊不知，我们人类的头骨只需 40 多千克的力就会被击碎。

世人皆知，中国功夫之王李小龙先生创立了以动作刚劲迅猛而著称的截拳道，而双节棍更是其精华所在。大师在电影中挥舞双节棍的雄姿无人可比，真可谓炉火纯青，登峰造极。当时的影评家不由地感叹，光是看李小龙表演的双节棍，就已足够票价了。

与一般的棍、槊、棒相比，双节棍异常灵活，可攻，可守，可反击，攻击力也比较大。据国外警方调查，双节棍在实战中的威力仅次于手枪。它不仅可以攻击对方的上三路和中路，对于下三路（脚跟或上下 5 寸的部位）的击打尤为厉害。只要被击中，对方定会疼痛难忍，倒地不起，失去抵抗力。它还可以出其不意地绞夺对方的兵器，甚至绞杀对方。连接双节棍的绳索或铁链一旦缠绕对方脖颈，只需轻轻一夹，便可致命。

三节棍是将三节等长的短棍用铁环连在一起，又称"三节鞭"，可收可放，夭矫多变。民间武师的三节棍有"伸开一丈"的说法，放开使用可作远距离击打，折叠则如短棍，便于携带，适合自卫防身。

因此，与双节棍相比，三节棍的灵活度更高，更加变幻多端、刚劲迅猛，使用要求也更高。

但是，值得注意的是，对于双节棍或三节棍，如果用不好，容易自伤。所谓"用不好"，代表缺乏经验，缺乏思考，或准备不足。"自伤"有两层意思，一是缺乏必要的自我保护意识或自我保护能力，二是类似于剑之"双刃"，有时会付出不必要的代价。这两层意思之间具有一定的相关性。

**2. 槊**

槊是十八般兵器中的重型兵器之一（见图 3-1），多用于马上作战。云南江川李家山古墓群中，出现了战国晚期、东汉早期的槊。槊的结构复杂，较为笨重，多为力大之人使用。所以，槊在现代武林中已几近失传，练槊的人寥寥无几。

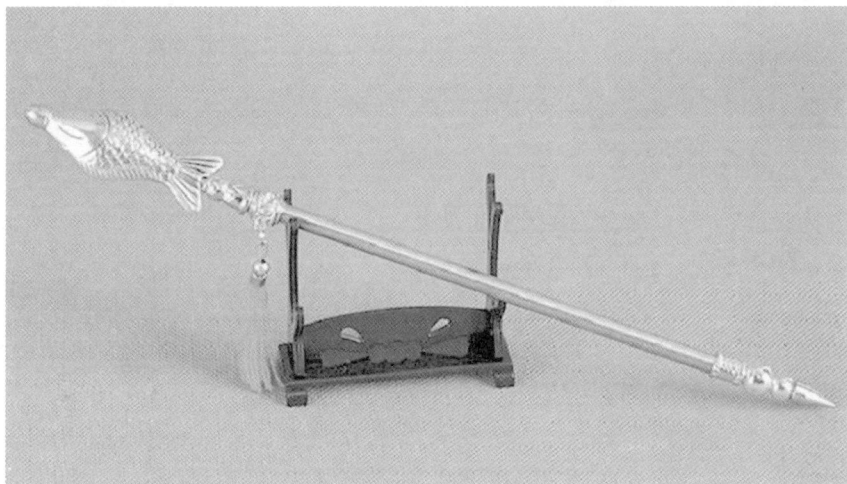

图 3-1 槊

槊是由矛和棒演变而来的。《正字通》一书中云："矛长丈八谓之槊"，古代把丈蛇矛称为"铁槊"。古代的槊，柄用坚木制，长约 2 米，柄端装有一长圆形锤，上面密排铁钉或铁齿六至八行，柄尾装有三棱铁钻。因其形状与狼牙相似，亦称"狼牙槊"。

《武备志》载："棒首施锐刃，下作倒双钩，谓之钩棒；无刃而钩者亦用铁爪植钉于上如狼牙者，曰狼牙棒；本末均大者为杵，长细而坚重者为杆，亦有施刃鐏者，大抵皆棒之一种。"例如，《水浒传》中"百胜将"韩滔用的是一杆枣木槊，番将乌利可用的是纯钢枣槊。

槊的传统练法与大刀相似，有劈、盖、截、拦、挑、撩、云带、冲等。尽管槊的分量比较重，仍可练出"泰山压顶""刀劈华山""横扫千军"等多种招式。

从象征意义来说，槊意象有如下特点：直爽、坚韧、敏感、有力量感，愤怒时似野狼龇牙，可以不计后果。

为了生动呈现槊意象的以上象征意义，这里讲一段曹操的故事。

东汉末年，曹操率领 83 万人马南征东吴。虽气势恢宏，他却心存忧虑，担心韩遂和马腾袭击许都。徐庶接受庞统的脱身计，向曹操请得 3 千人马，连夜赶往散关设防，他才感觉心安了一些。

公元 208 年 11 月 15 日，曹操夜巡水寨，命部下在大船上摆酒设宴，与诸将畅饮。趁着醉意，他大笑而发狂言："吾今年五十四岁矣。如得江南，窃有所喜。昔日乔公与吾至契，吾知其二女皆有国色。后不料为孙策、周瑜所娶。吾今新构铜雀台于漳河之上，如得江南，当娶二乔置之台上，以娱暮年，吾愿足矣。"

酒醉的曹操取槊立于船头，以酒奠于江中，满饮三爵，横槊赋诗《短歌行》："对酒当歌，人生几何：譬如朝露，去日苦多。慨当以慷，忧思难忘。何以解忧，唯有杜康。青青子衿，悠悠我心。但为君故，沉吟至今。呦呦鹿鸣，食野之苹。我有嘉宾，鼓瑟吹笙。皎皎如月，何时可掇？忧从中来，不可断绝。越陌度阡，枉用相存。契阔谈讌，心念旧恩。月明星稀，乌鹊南飞。绕树三匝，何枝可依。山不厌高，水不厌深。周公吐哺，天下归心。"

当时的刺史刘馥却认为诗中有不祥之词。他的直言不讳不仅搅扰了曹操的勃勃兴致，也激怒了曹操。曹操挥槊将他当场打死。酒醒之后，曹操深悔不已，命人厚葬刘馥。

**【解析】**

当一个人的情绪能量(不论是积极情绪还是消极情绪)处于上升或集中释放阶段时，如果突然受到阻断或被强行压抑，他的心理边界就会被侵扰，自我意志就无法顺畅地流动或表达。在这种情境下，心中有"武器"的人就会毫不客气地"发飙"，最严重的情况是，直接对现实层面的关系造成无可挽回的破坏。

因而，"武器"本身不是问题，能否觉知到"武器"，如何运用"武器"，以及对于当下是否有现实感，才是问题。

### 3. 棒

棒是从棍中演化而来的。

通常，棒为一头沉，比较短粗，且直径有变化。有单手使用的短棒，也有双手使用的长柄棒。棒的种类比较多，仅《武经》记载，就有钩棒、抓子棒、狼牙棒、杵棒、杆棒、大棒和夹链棒七种。

与棍相比，棒兼具棍的基本心理品质(耿直不屈，简单直接，实而不华，没有虚荣心)，同时，比棍更具击打力，却又不及棍之灵活。

这里以狼牙棒为例。狼牙棒原本是鹿的下颌骨武器，形似棒槌。古代用作击打武器时，带有全部的后槽牙，故称鹿牙棒。古时，有一种狼长得很像鹿，古人分不清楚，便把鹿牙棒也叫作狼牙棒。

金属武器出现后，骨质武器逐渐淡出历史，其名称却依然在民间流传。后来的狼牙棒，木棒部分呈枣核状，上面有铁钉，形似狼牙，于是得名"狼牙棒"。

在各种棒中，狼牙棒的杀伤力和威慑力是偏大的，因为它不仅比较重，端部的诸多铁钉常常产生奇特的杀伤作用。面对没有身披铠甲或轻装着甲的敌手，狼牙棒可以轻松地钩扯其皮肉；面对身披铠甲的敌手，它仍然可以散发出不小的威力，激发对方的恐惧情绪，哪怕手持狼牙棒的人武功并不高强。《水浒传》中的"霹雳火"秦明就是用狼牙棒行走江湖而威震四海的。

以"狼牙棒"为主导人格的人，或者在"挑武器"意象中选择狼牙棒的人，往往具有这样几个鲜明的特点。

其一，因最早的材质为动物骨头，而具有坦荡、率真的自然天性。

其二，比较有气场，不怒自威。

其三，端部铁钉犹如尖利的硬刺——发怒时，言语表达或肢体动作可能会"张牙舞爪""盛气凌人"，真正要保护的却是内心深处极为柔软的东西。换言之，正是由于不敢示"弱"（多指当事人自以为的"弱"），才炸出一身"刺"来。或者说，外表有多"狼"，内心就有多"苦"。

倘若我们视"狼牙棒"为一个有生命的人，首先要读懂的就是他/她心里的这份"苦"。通过共情"苦"背后的"弱"，鼓励他/她勇敢地面对，并带着自知去表达内在感受，他/她才有机会真正接纳这个部分的自己，从而变得真正强大起来。

因此，在心理临床看来，真正的强大是敢于承认并接纳内心的弱小感。同理，真正的自信是敢于承认并接纳内心的自卑感。

除此，还有一些著名的棒。比如，《水浒传》中打虎英雄武松所用的哨棒。哨棒是古代防狼的一种器具。一头是空的，可以吹气，通过发出老虎一样的声音，把狼吓走；另一头是棒子，可用来击打。

再如，丐帮帮主所用的打狗棒。在古代，乞丐易遭犬的攻击，便以棒防身。但是，唯有丐帮帮主的棒子才能够被称为"打狗棒"。因为它已经不是普通的棒子，而是权力和威严的象征，是一个在特定群体里的特殊符号。这大概就是为什么在金庸先生的多部小说当中都有打狗棒，而真正的打狗棒却永远只有一根。

对于我们中国人而言，最著名的棒莫过于孙悟空的如意金箍棒（见图 3-2）。

图 3-2　如意金箍棒

孙悟空用的金箍棒虽是少数通长同直径的棒，可是两端都缠上了厚重的金属箍，可谓"重武器"，因而仍然算是棒，不算是棍。

在意象中强调"孙悟空所用的金箍棒"者，必定具有孙悟空这个人物意象的心理象征意义：聪明、灵活、自信、勇敢、坚强、洞察力强（火眼金睛）、机智多变、缺乏耐心、具有一定的表演性（喜欢表演聪明）。就心理动力学角度来看，"孙悟空"这个人物是一位少年英雄，或者说，他心怀英雄梦。

为了更深入地了解孙悟空的如意金箍棒，我们不妨回忆一下吴承恩的原著。

"如意金箍棒"原是太上老君冶炼的神铁，后被大禹借走治水，大禹用它测量海水的深度，治水后遗留下来的一个定海神珍（此处尊重原著，写为"珍"，同"针"），放于东海（尚未在史籍里见到相关记载）。

平定水患之后，大禹将其丢入大海，取意"海河永固"。东海龙王如获至宝，把它供奉起来，称作"定海神珍铁"。后来，天产灵猴孙氏悟空道成归山，龙宫借宝。神器应主，璀璨生光，正可谓宝剑英雄，相见恨晚。此后便一直伴随这位齐天大圣美猴王，上闹三十三天，下砸十八层地狱。乃是神器榜上的"天下第一棒"。

此物两头是两个金箍，中间一段乌铁，紧挨箍内，镌刻着一行字："如意金箍棒，一万三千五百斤。"若要小时，盈盈不足一握；要大时，顷满天地之间。（大家平常在各种文艺作品里所见的金箍棒的形象，多是两头各有一段金黄色，中间为红色或银色。）

孙悟空得到金箍棒之后，能随心所欲地变化其大小。并且，这根金箍棒只听孙悟空的，别人拿了去也指挥不动它，任凭那人是其他神仙，还是妖怪。平日里，孙悟空将金箍棒变成绣花针，藏在耳内，临敌时，从耳内取出，瞬间就可变成碗口一样粗细。它还能随着身体大小的变化而按比例改变尺寸。孙悟空会七十二变。倘若变成昆虫，金箍棒依然能够藏在他的耳朵里。

金箍棒非常重，威力甚大，连神仙都敌不过它。书中说，"莫说拿！那块铁，挽着些儿就死，磕着些儿就亡，挨挨皮儿破，擦擦筋儿伤！"最神奇的是，金箍棒能被孙悟空随意变成其他的物体，或者变成很多的数量，而它本身的性质依旧留存。所以，孙悟空声称自己的金箍棒"打石头如粉碎，撞生铁也有痕"。书里则云，"金箍棒是海中珍，变化飞腾能取胜"。

这就是如意金箍棒的成长简史："天河定底神珍铁"——定江海深浅之定子——武器"如意金箍棒。"

**【解析】**

如此看来，孙悟空所用的"如意金箍棒"比普通的棒子还多了一层心理意义：可以用来象征"定力"。

## 4. 擀面杖

有的人在做"挑武器"意象对话时，会选择擀面杖。擀面杖虽然不是标准意义上的武器，但是，从心理学的角度而言，我们相信每个人的"心理现实"的真实性，并且，心理咨询师会遵循"无条件接纳"的人本主义职业原则，充分尊重来访者，视擀面杖为武器意象。

临床上常见的擀面杖意象，大多形同现实中的擀面杖，有较粗较长的，也有短小精致的。

其一，因木制而象征性格朴实、自然、直率、简明，没有虚荣心。

其二，因木质怕火而象征害怕人际冲突，善于忍耐和压抑。

其三，想要用擀面杖进行防御，必须抡起胳膊，用足力气，这也代表善于忍耐和压抑。

其四，若想用擀面杖制胜，要么用力击中对方要害，要么连续击打，其精准度和毙命性依赖于使用者的熟练度、力气大小、作战经验和情绪的爆发力，所以，擀面杖意象本身的精准度和杀伤力并不大。

其五，现实生活中的擀面杖是厨房用具，往往与家庭和亲近关系有关。选择擀面杖意象的当事人，一旦情绪爆发，最容易伤及的是家人和亲近关系。当然，如果当事人的职业是厨师，选择该意象则有可能指向工作领域的人际关系。或者，当事人虽然不是厨师，但在想象中把擀面杖放在了自己的工作单位，则意味着他/她的愤怒情绪指向工作范畴或工作关系，如上下级关系、同事、工作对象或合作关系等。

## 5. 鞭

也许你会奇怪：不论是材料质地，还是使用方式，鞭与棍、棒、槊都有明显的不同，怎么能把它们归为一类意象呢？

原因其实很简单。一是因为它们都是没有尖锐利刃的条状物，同属钝器——形似；二是因为其象征意义有相似之处——神似。

鞭的起源比较早，到春秋战国时期已经非常盛行。

鞭有软硬两种。硬鞭为钢制的（见图3-3），共十三节，俗称"竹节钢鞭"，末端尖锐，以劈、砸为主，亦可挑、刺。软鞭俗称"九节鞭"，由九节细钢棒或细铜棒连缀在一起，长度略次于身高，其动作以缠绕和抡圆为主。九节鞭便于携带，目前仍很流行，演练者多在鞭的两端系上绸块，抡动时可呼呼作响，以增添观赏性和展示性。

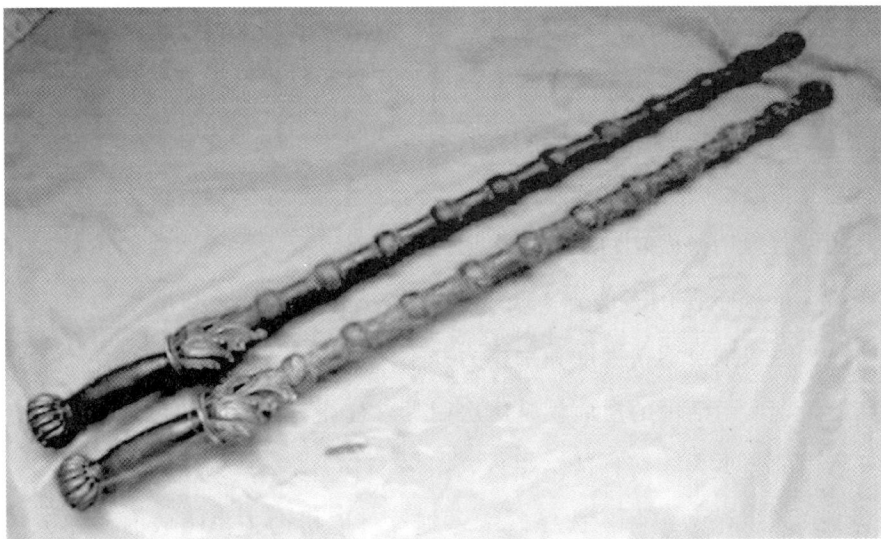

图 3-3　硬鞭

然而，也有学者提出，这两种鞭所说的并非一类武器。所谓硬鞭，属于短器械范畴。所谓软鞭，主要是指钢制的九节鞭、皮质的牧羊鞭等，属于软器械范畴。

在心理临床工作中，我们更多关注的是鞭的心理意义，所以，不再做更细致的划分。

临床上，喜欢选择鞭意象的来访者往往以女性居多，而且多表现为既爽朗、霸气又痴情、柔细——这也从另一侧面反映出"鞭"的性格特点。选择鞭意象的男性虽不及女性多，却在心理层面显露出一些共性，最常见的就是性心理不太健康。

另外，在现实生活中，喜欢用皮带或鞭子抽打、虐待别人的人（尤其是男性），大多具有不健康的性心理。他们是将潜意识里的"性自卑"（既可指男性气质/男子气概的自卑感，也可指性能力方面的自卑感）或"性创伤"（既可指关于性的创伤性事件，也可指关于性的创伤性体验），不自知地向外投射为行为，抑或是补偿性的自我满足——变弱为强，以强压弱。需要说明的是，心理临床所说的"性"，是广义的性，包括出生、性别认同等多个方面。

值得注意的是，不论男女，都有两个共同点：性格坚韧；经历过某种情感的缺失，或者说，有某种情感的缺失感——至少在选择鞭意象的那个当下。

下面，我们简要回顾一个用鞭的女性形象，以便更生动地体会鞭意象的心理意义。

梅超风是金庸武侠小说《射雕英雄传》中的人物，因修炼九阴真经而成为武林当中一流的女性高手。她擅用一根极长的白蟒鞭，伸缩自如，宛若灵蛇出洞，灵动之极令人防不胜防。

梅超风，原名梅若华（我个人认为，"若华"这个名字本身就渗透着"曾经芳华，而今痛失"的味道，不由得感叹金庸大师的共情能力）。儿时的她天真烂漫、无忧无虑，不料父母受奸人迫害，相继去世。东邪黄药师收她入门，每日在桃花岛修炼武功，成为师父的高徒。因与师兄陈玄风私订终身，盗走下半部《九阴真经》，而背叛师门。他俩被飞天蝙蝠柯镇恶等师弟追杀，远走大漠。由于缺少关于修炼内功法门的上半部真经，又不懂玄门道学，他俩只能靠服用少量砒霜，再运功逼出来练，以免走火入魔。加之错误解读了真经内容，把本应光明正大的九阴真经练成了凶险毒辣的邪门武功。梅超风和陈玄风以九阴白骨爪和摧心掌名震江湖，二人被合称"黑风双煞"。

后来，在与"江南七怪"的激战中，她被师弟暗算而至双目失明。十年后，她重出江湖。为报仇而遭遇危险，师父出手相救。在师父被欧阳锋偷袭的危急时刻，她舍命护师而亡。黄药师在她临终前，重新收她为徒。

## 【解析】

鞭如冷风，这也正是梅超风带给读者的感受——犹如一股冷风。这种冷，并非先天的，原本也充满热情，无论对生活，还是对情感。只是在成长的过程中，不断地受挫、遇冷，而自己无法有效地化解，便下意识地将心理能量固结在"冷"的节点上。当这种内心状态外化为行为时，就表现为"冷"。

无论是鞭意象，还是鞭意象的主人，若有机会遇到一种真挚的、持续的、柔和的温暖，内心深处的"冷"就会被逐渐溶解，昔日的信念与热情也会逐渐复苏，从而消除对外界和对自己的伤害，不再将鞭作为武器。

即使发生了这样的变化，"鞭"的核心品质依然留存——有韧性。所不同的是，这种叫作韧性的心理能量已经转变为积极的心理能量，里面没有压抑的消极情绪，相反，在面对新的压力情境时，它能够以真诚、勇敢和坚持不懈来进行应对——依然有韧性，却不再有"冷"的感觉。

如果来访者在选择鞭意象时，脑海里出现"梅超风"的形象，或者强调"就是梅超风用的那个鞭"，心理咨询师就要把这个人物意象的性格特点也考虑在内：聪明、自信、执着、忠贞、有韧性、敢爱敢恨，愤怒时犹如一股冷风。

## （二）枪、矛、戈、叉、钯、铲

枪、矛、戈、叉、钯、铲之所以另成一类，主要是因为顶端带有尖锐利刃，破甲力和杀伤力高于棍、棒、槊、擀面杖和鞭。

### 1. 枪

冷兵器和武术里的枪，长而锋利，使用灵便，取胜之法，精微独到，故称"百兵之王"。在武林中，枪被誉为"百器之王"。

它由古代的矛演变而来。枪术在十八般兵器中属于比较难学的，所以有"年棍，月刀，久练枪"的说法。这里的"久"，在心理层面，可以理解为忍耐力和耐受力较强。

冷兵器里的枪是古代的一种刺击长兵器（见图 3-4）。根据李筌的《太白阴经》记载：两军对阵时，持枪刺敌；宿营结寨时，树枪为营；涉渡河川时，缚枪为筏。枪的形制和矛相似，起初将竹竿、木削制尖头，后又加铜或铁判枪头。晋代，枪头改为短而尖的形式。唐和五代以至更后各时期，枪都是军队的主要武器。唐代枪分漆枪、木枪、白杆枪、棒扑枪四种。漆枪短，是骑兵用的；木枪长，是步兵用的；其余两种为皇朝禁卫军所用。宋朝的枪种类繁多，有捣马突枪、双钩枪、单钩枪、环子枪、素木枪、鸦项枪、键枪、梭枪、褪枪、太宁笔枪、短刃枪、抓枪（两种）、藻黎枪、拐枪、拐突枪、拐刃枪等。明朝军队中，枪仍为"白刃之首"，主要有舀角枪、箭形枪、龙刀枪等，还有手头标枪。清代的长枪有嫉形枪、笔形枪、钩形枪、矛形枪等。到清末，经战争的淘汰，种类繁多的长枪趋向于单一化，枪头一般为扁形，圆底，筒外加数个铜箍，其外形接近矛头，有红缨枪和梭镖两种叫法。

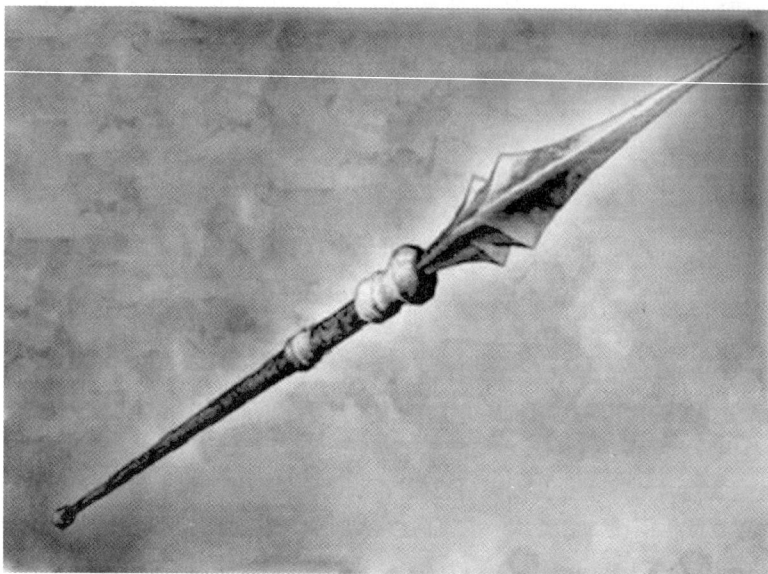

图 3-4　枪

从枪的用法中，我们比较容易体会其心理象征意义。

枪法以拦、拿、扎为主，兼有劈、崩、挑、拨、带、拉、圈、架诸法。俗语说"枪扎一条线"，要求扎枪平直迅速，直出直入，力达枪尖，即所谓"中平枪，枪中王，当中一点最难防"。要做到枪扎一线——出枪如潜龙出水，收枪似猛虎入洞，使用者必须轻灵、果断、稳健。这就是冷兵器枪的基本象征意义。

长枪的枪头下方一般系有一束红缨，呈须状。长枪凌空飞舞，枪樱随风飘摆，仿佛腾空而跃的热烈火焰，平添几分风采。有意思的是，在使用"挑武器"意象对话技术时，但凡选择冷兵器枪的想象者，大都会告知他们的枪上系着红缨。

就象征意义而言，红缨是装饰物，近似剑穗，故代表展示性或表演性。就武器作用而言，说法不一。归纳起来，大致有以下几种解释：一是有助于判断枪头和敌人的位置；二是刺入柔软物体时，便于拔出；三是舞动起来，可以扰乱对方视线；四是在古代打仗时，枪刺入对方身体会流血，血液腥气、黏滑，如果顺着枪杆流到手上，用起来就不方便了，枪缨能够一定程度地缓解这个困扰，遮挡鲜血。

有一位精通枪术的名将早已印刻在我们的心底，他就是宋代名将岳飞。岳飞不仅仅是一位岳母刺字"精忠报国"的历史人物，更是中国人集体潜意识里能够体现"英雄原型"的重要人物意象。因此，常常会有来访者告诉心理咨询师："我用的是岳飞的枪……"

读懂岳飞，有助于读懂枪意象。

---

岳飞（1103—1142），字鹏举（即使到了现代，中国人里仍有许多名为"鹏举"的人，再度体现出中国人对"英雄"的认同，以及对岳飞与"英雄"之间关系的认同），宋相州汤阴县（今河南安阳汤阴县）人。中国历史上著名的军事家、战略家。

岳飞位列南宋中兴四将之首，是南宋最杰出的统帅，也是当时唯一组织过大规模作战的统帅。他治军有方，不但赏罚分明，纪律严整，以身作则，而且体恤部属。既是硬汉，也是暖男。当时，金人流传着"撼山易，撼岳家军难"的无奈哀叹，这不得不说是对岳飞和"岳家军"的最高赞誉。

---

### 【解析】

作为一个人物意象，"岳飞"的血液里流淌着鲜明的个性特征：爱国情怀，阳刚正气，自信坚毅，勇往直前，不屈不挠，侠骨柔肠，有魄力，有胆识，有担当。

## 2. 矛

矛是一种带有尖锐刃器的长直形武器。在用法上，既可以刺杀，也可以投掷。鉴于最初的矛是用来狩猎的，是前端削尖了的棍棒，后在矛杆上装置矛头，格斗时用于直刺和扎挑，故将其列入棍棒类武器意象。

世界上的多数民族都曾在狩猎和战争中使用过这种武器。在新石器时代遗址中，常发现用石头或动物骨角制造的矛头。这种矛头缚在长木柄的前端，能够增强杀伤效能。

从历史文献上看，矛是东西方古代军队中占多数的装备，且使用时间最长的冷兵器之一，可以被推测为人类较早出现的长兵器之一。《尚书·牧誓》有载："称尔戈，比尔干，立尔矛，予其誓。"（《牧誓》居全书第十三篇，记述周武王起兵灭商时，在牧野决战前的誓词）。意思是，举起你们的戈，排开你们的盾，竖起你们的矛，我们来宣誓。

通过比较，我们可以更好地理解矛意象的象征意义。

先来看矛与枪的区别。

其一，矛更硬，枪更韧。"硬"为刚硬、固执、不够灵活、使蛮力——宁折不弯，"韧"为坚韧、有弹性、讲灵活、靠内力。所以，二者的区别不在于是否有缨，很多矛也带缨，关键在于杆的软硬——性格基调。

其二，就表达情绪的风格而言，矛更原始、直接、不加修饰，枪有修饰，比之更雅。

其三，枪不离手，而矛可投掷。"投掷"不仅是一个肢体动作，也是一个心理动作，代表一定的不可控性，既指情绪，也指情绪的行为后果。

其四，杆的软硬差异，又导致了二者的用法截然不同。武器的用法，即具体的使用方式，代表心理操作和心理功效。

矛杆，多以枣木等硬木或精钢制成，基本没有韧性。客观现实（与"心理现实"相对应）中最重的钢杆长矛较重。使用者需有极大的臂力才可发挥其威力，将力量完全传递到矛头，以达到直刺功效。

而正统的冷兵器枪，一般采用坚韧、有弹性的材料为柄（如白蜡杆），便于吸收和释放武器冲击时所产生的巨大能量，并能及时调整攻击角度，以带侧刃的枪刺为尖，以自身腰腹的力量带动长枪。为此，枪的使用者不能靠蛮力，而要凭内力。所以，在人们的印象中，豹子头林冲的"林家枪"和岳飞的"岳家枪"更显洒脱和帅气。

再来看矛与叉的区别。

第一，叉有齿，比矛更容易刺中猎物或对手，但是，矛的力量更集中，注定比叉更狠。换言之，矛意象的杀伤力强于叉。

第二，一寸长，一寸强。矛比叉长——矛意象爆发愤怒情绪时，所波及的人际距离远于叉。

第三，叉多了一些非杀伤的用法，可以架住对方的武器（这里指一般意义上的冷兵器），而矛不能。这意味着，矛的防御性和灵活性弱于叉。

### 3. 戈

作为武器，戈的主要特点是，在端首带有横向伸出的短刃，刃锋向内，安有长柄，用以勾割或啄刺敌人（见图 3-5）。

矛的历史非常久远，与戈不相上下，但在历史、文化地位等方面，戈却更为显赫。

武器因主人而贵。在古战场上，贵族和将军都是在战车上的，他们趁手的长兵器是戈，而非矛。

在我们的集体潜意识里，戈意象不但是兵的象征，甚而成为战争的象征。大家最熟悉的相关成语莫过于"金戈铁马"。"戈"在这里象征战争、军威以及戎马生涯。《左传》中有所谓"止戈为武"的说法，这里的"戈"代表战争。类似的成语还有

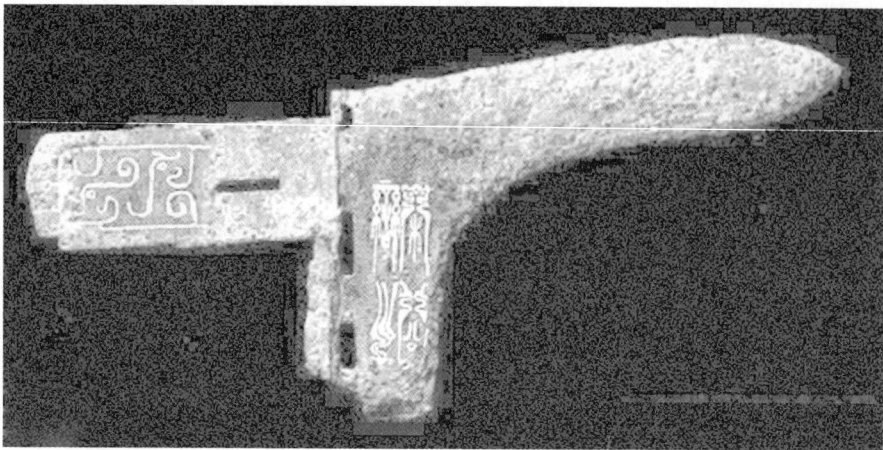

图 3-5　戈

"止戈兴仁""止戈散马"等。另外，还有"大动干戈"（"干戈"是中国古代兵器的总称）、"反戈一击"、"枕戈待旦"、"化干戈为玉帛"等。

不仅如此，中国汉字中许多与战争、杀戮有关的文字，都含有戈意象，如武、战、戮、戎、戡、戟、戗等。

**4. 叉**

在远古时代，叉是用来捕鱼、狩猎的工具，古代多为猎户所用，后来演变为一种武器。

叉的末端分两股，叫"牛角叉"。末端分三股，叫"三头叉"或"三角叉"，俗称"虎叉"。

叉法本于枪法，重在中平一势，亦可锁拿对方兵器。其心理意义是，叉意象或以"叉"为主导人格的人，并非总是具有攻击性和杀伤力，有时发火是为了阻挡对方，或回避不愿面对的某个问题、某种情境。

练叉者多在叉身上套若干铁环，演练时哗哗作响。也有人能使叉在全身上下滚动，俗称"滚叉"，颇具观赏性。

在做"挑武器"意象对话时，如果来访者选择了"叉"，并强调"滚叉"动作，则象征着表演性。进一步说，这类来访者面对冲突情境时，善用"滚叉"之势吸引对方的注意力，从而避免正面冲突。

在中国民间，每逢春节、元宵节、庙会等重要时节的演出活动，寒光闪闪、铿锵有鸣的飞叉表演往往放在最前面，犹如"开路"先锋。民间练飞叉的组织也喜欢自称为"开路会"。这反映出叉意象的另一个象征意义——性格直爽、泼辣，勇当开路先锋。

在西方人的集体潜意识里，"叉"则显得更加肃穆和威严。以古希腊神话里统治冥界的冥帝哈迪斯为例。

> 哈迪斯的形象雄伟、冷酷，身上有一股挥之不去的死亡气息。通常，他坐在四匹黑马拉的战车里，手持双叉戟。在前行的道路上，他会毫不留情地除掉任何障碍。假如他走入阳界，必定是带领牺牲者的灵魂奔向冥府，再或是，检查是否有阳光从地缝射进黄泉。
>
> 哈迪斯的工作方式阴沉、严酷，但神情并不邪恶。这与古希腊人的死亡观不无关系。在古希腊人看来，不存在带有善恶之分的天堂和地狱，所有逝者唯一的去处就是冥界。

**【解析】**

多数来访者在"挑武器"意象里所选择的"叉"，未必具有这样的死亡气息，也未必具有肃穆和威严的象征意义。关键是，某个具体的叉意象，强调的是什么。

**5. 钯**

钯是从农具演变而来的兵器。其末端装九齿铁钯，齿锋利如钉。一般情况下，钯全长 2.4 米左右，重 2.5 千克，既可拍击，亦可防御，在明代抗倭战争中曾为军中利器。

在同类武器意象中，钯的长度偏长，代表易伤社会距离层面的关系。与刀、剑、匕首相比，钯的精准度和毙命性都不太高，代表针对性和破坏力都不强。这些特点结合在一起，又产生了另一个心理特点：灵活性不够强，有时略显钝、拙。

一说到钯，大家很容易想到猪八戒。猪八戒使用的钯，全名叫上宝沁金钯，是太上老君亲自用神冰铁锤炼、借五方五帝、雷声普化天尊、净雷法咒、六丁六甲之力锻造而成的一件神物，连柄带钯，共重 2524 千克，乃《西游记》中的第一神器。

猪八戒这个小说人物形象也确实能够生动呈现钯的象征意义。在明代小说家吴承恩的著作《西游记》中，猪八戒简单、可爱、好吃懒做、易受物质诱惑，是个典型的口欲期固结的人物形象。倘若来访者在选择钯意象的同时，强调是"猪八戒用的钯"，或者，在意象里直接看到"猪八戒"的形象（如"猪八戒扛着钯从武器库里走出来……"），咨询师在解读钯意象的同时，则还需要了解"猪八戒"这个人物意象的象征意义。

这里简单解释一下"口欲期固结"。

口欲期（oral stage），亦称口唇期，是经典精神分析学派创立者、奥地利著名心理学家西格蒙特·弗洛伊德提出的心理性欲发展的第一个阶段，为 0～1 岁。该理论认为，在人的生命的不同阶段，性（广义的性）的内驱力（libido）能量在人的不同躯体位置上体现出来，据此可分为口欲期、肛欲期、俄狄浦斯期、潜伏期和生殖器期。

由于人的心理能量不能通过空间直接投入或传递给外部的客体，所能传递的只是各种各样的记忆、思想及组成我们所谓的心理代表物的客体的幻想，所以，会发生投注现象。投注是一种纯心理现象，指投向某个人或某件事的心理代表物的心理能量的数量。投注越大，客体越重要，反之亦然。而所有真正强烈的性的内驱力投注都不会被完全放弃。如果婴儿期或童年期性的内驱力的投注滞留在后来的生活，就称之为固着或固结（fixation）。

这个现象最早是弗洛伊德在神经症患者当中发现并进行描述的。例如，一个男孩如果依然固着于他的母亲，那么，在他成年之后，就不能将其情感正常地转移到另一个成年女性的身上，从而影响其亲密关系的建立。除此之外，"固结"还用来表示一种满足的方式。因此可以说，是某人固着于口欲或肛欲的满足方式。比如，弟弟或妹妹出生以后，长子开始重新吸吮大拇指，尽管他/她在弟弟或妹妹出生之前的几个月甚或更早已经停止了吸吮大拇指——潜意识里是为了重新获得母亲的关注与爱。

口欲期的本能根源是口腔，对象是食物，目的是结合，个体的兴奋投注在口腔，婴儿靠吸吮、咀嚼、吞咬等口腔活动获得满足。在此期间，婴儿的口腔满足若过度缺失（如哭了很久都没有吃到奶），或过度满足（如并不饥饿时，嘴里也总是含着乳头；或断奶太晚，远超过婴儿期），固着于这个阶段的成年人就可能形成吸烟，酒瘾，吸毒，口腔施虐，口腔依赖，贪婪（如贪吃、贪色、贪财），天真，无太大志向，无太多心计等特点。这就是经典精神分析学派所讲的"口欲期固结"。

### 6. 铲

铲也是由生产工具（最早用于除草）演变而来的一种古代冷兵器和武术器械。它是武当的独门兵器。

铲属于薄体阔刃的长兵器。杆的前后都装有兵刃。前端是一个弯月形的铲，内凹，月牙朝外。尾部是一个斧状的铲柄，末端开刃。刃与柄呈丁字形。早在新石器时代，已有石铲，商代铸有青铜铲，战国晚期开始使用铁铲，明代出现了月牙铲（见图3-6），一般刃部成凸弧形，均以鋬装柄。铲的种类有月牙铲、天蓬铲、莲花铲等。

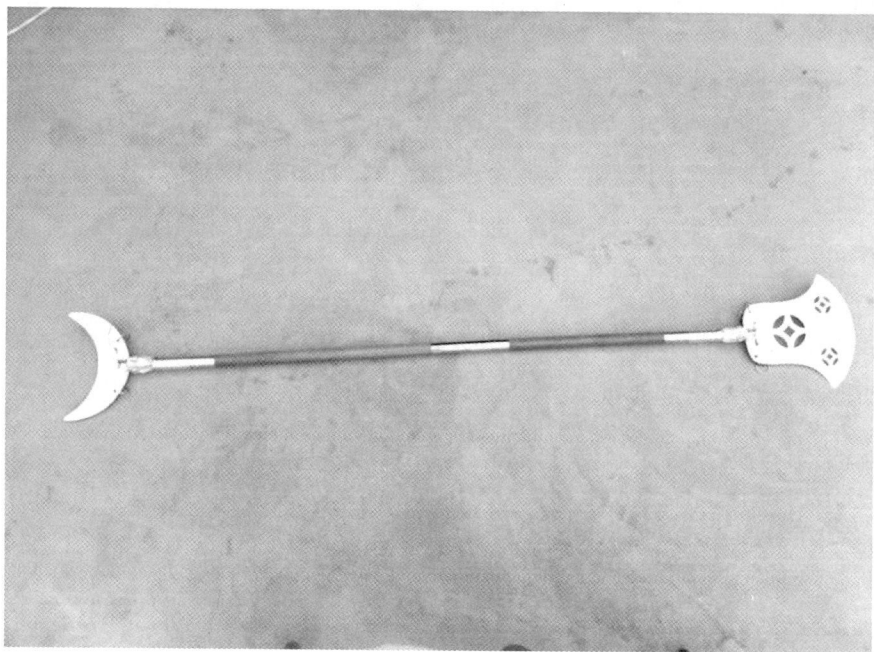

图 3-6 月牙铲

关于铲的传说比较多。

相传之一，铲最初是佛门兵器。演练时身法轻盈而别致，有推、压、拍、支、滚、铲、截、挑等击法。其招式命名也多与佛教有关，如童子拜佛、乌龙摆尾、二郎担山、出山门等。

相传之二，方便铲为道家创立者老子所创，是道门中道人云游四方时的必带之物。它集棍、叉、枪和刀于一身。其风格特点是反防为攻、反退为进、刚中有柔、柔中带刚、刚柔并济、快慢相兼。

以上所述的风格特点，同时也是铲意象的象征意义。

据说，在道门中，不但对于练习方便铲的要求十分严格，对于打造方便铲也有严格的要求。根据规定，方便铲分为三个部分。

一是铲头：长一尺八寸（一尺约为0.33米，一寸约为0.03米）代表阴间的十八重地狱；铲叶尾端两边分别挂有一环，代表阴阳二气；铲头裤端挂有五个铁环，代表五行——人在五行中，当平衡阴阳，普修正道，方可脱离苦海，铲平十八层地狱。

二是铲柄：长三尺三寸，代表三十三重天，三十三重天为中天——三十三重天之间，善恶因果好自把握。

三是铲尾：长八寸六分，八寸代表八方，六分代表六合；三角形代表三才；每个角挂有一个小环，代表三宝——天、地、人三才，各得精、气、神三宝。为此，人行八方，当以六合为念。

先贤老子留下八十一铲，其本意是，警示门下弟子应当把握阴阳，勤修功德，广行方便，多结善缘，三返九环，九九归真之后，方可铲平地狱之门，升归上界。

论及铲，还有一个著名人物——沙僧。

在《西游记》原著中，沙僧用的是降妖宝杖（由鲁班用吴刚砍下的桂树枝所制，两头粗，中间细，曾被妖怪戏称为"擀面棍"），并非月牙铲。可是，在《西游记》的各类文艺作品当中，沙僧用的武器形象却是月牙铲。也许在中国老百姓的集体潜意识里，沙僧与月牙铲更匹配。

这位出自《西游记》的沙和尚，原为天宫玉皇大帝的卷帘大将，因失手打破琉璃盏，触犯了天条，而被贬出天界。他在人间流沙河里兴风作浪，专吃过路的。后经观音点化，赐法号悟净，一心归佛，与孙悟空、猪八戒一起护送大唐高僧玄奘法师（即唐僧）前往西天拜佛，求取真经。

沙僧个性憨厚、踏实，既不像孙悟空那样反叛权威（肛欲期固结），也不像猪八戒那般好吃懒做（口欲期固结）。自从放弃妖怪身份之后，一心地跟随师父唐僧。他正直无私、任劳任怨、恪守戒律、忠心耿耿，最终功德圆满，被如来佛祖封为南无金身罗汉。

### 【解析】

在"挑武器"意象对话中，来访者若强调，自己所选的武器是沙僧用的月牙铲，其象征意义除了前文所述的刚柔并济等之外，还需考虑沙僧这个人物意象的性格特点。

## 三、 抛射类

### （一）弓箭

恩格斯讲过："弓箭对于蒙昧时代，正如铁剑对于野蛮时代和火器对于文明时代一样，乃是决定性的武器。"实际上，即使在"野蛮时代"，也没有任何一种金属武器（包括铁剑），能够与弓箭的作用相匹敌。毫不夸张地说，在火器诞生以前，弓箭都是决定性的武器。自人类有战争以来，弓箭便成为主要的武器之一。

弓是一种利用弹力射出弦上的箭，杀伤远距离敌人的武器。起源于原始社会，初将树枝弯曲用绳索绷紧即成，由具有弹性的弓臂和具有韧性的弓弦构成。箭包括箭头、箭杆和箭羽。各种弓只在选材和装饰上有差异，所配之箭却有 41 种之多。

弓箭的制作技术不断发展，但其基本动力原理和基本形状并未改变。射箭时，拉引弓弦使弓背的弯曲度加大，利用弓背屈伸的弹力将箭弹射出去。使用方法有双臂拉引，也有脚手并用拉引（如古代印度弓）。

由此可见，弓箭的主要特点是：远距离，大杀伤，需拉引，善隐蔽（发射时无光、无声、无热）。这些特点转化为心理学的语言，就是弓箭意象的象征意义：易伤及心理距离较远的人；一旦爆发消极情绪，具有较大的伤害性和破坏力；爆发情绪之前，先拉开架势，运气和瞄准的过程也是忍耐的过程；情绪可以积压很深或很久。

为增强弓箭的杀伤效力，后汉时期的耿恭发明了毒箭。

借此，介绍一下毒的象征意义。毒也是一种意象，象征强烈的消极情绪，或严重的心理疾病。严重的心理疾病往往与某种压抑较深或较久的消极情绪有关。

不管是在意象世界里，还是在现实生活中，几乎所有与毒有关的物件或行为，都具有上述象征意义。换句话说，毒的主人要么压抑了某种强烈的消极情绪，要么患有某种严重的心理疾病。例如，将刀、箭等武器淬毒，投毒行为，梦境或意象中出现有毒的动物、植物或毒剂、毒素，等等。毒品也是毒，但略有不同。毒品容易让人沉溺，从而产生严重的依赖性，故象征有害的情感和沉溺。

在罗贯中的著名小说《三国演义》里，关羽攻打樊城，遭到曹仁500名弓箭手的阻击，被一只带毒的冷箭射中右臂。毒深侵骨，右臂青肿，动弹不得，将士们四处打听名医。

一天，有个人从江上驾着小舟来到寨前，自报姓名华佗，特来给关羽治伤。华佗切开肉皮，用刀刮骨疗伤。在场的人吓得面如土色。关羽却边喝酒边下棋，谈笑风生。手术结束时，血流了一盆。关羽站起来，笑着对众将说："我的胳膊伸弯自如，好像从前一样。华佗先生，你真是神医呀！"华佗回应："自我行医以来，从没见过你这么了不起的人，将军乃神人也。"

## 【解析】

从历史文献来看，华佗不太可能给关羽治箭伤。因为华佗死于建安十三年（公元208年），而关羽中毒箭是建安二十四年（公元219年）。但是关羽中箭刮骨这件事是真实的，这在《三国志·关张马黄赵传》里确有记载，其详情与《三国演义》所述相似，只可惜没有记载医生的名字。

这里讲关羽的故事，是想说明毒箭的伤害性之大——非死即残，难怪非神医不可治也。

因此，如果来访者在"挑武器"意象对话中，选择了有毒的箭，或其他有毒的武器，则表明该来访者压抑了强烈的消极情绪，或者已经患有严重的心理疾病。对于这种情况（即便发生在团体培训里），心理咨询师有责任在保护其隐私的前提下，建议他/她接受面对面的个体咨询，以尽快解决问题，使其重获自信与快乐。

虽然弓箭起源于原始社会，但弓箭出现的时间，却可以上溯到遥远的神话时代——后羿射日。后羿射日的传说出自《山海经》《尚书·尧典》《淮南子》《天问》等著作。

传说，天空曾有十个太阳，他们都是东方天帝的儿子。他们跟母亲共同住在世界最东边的东海边上。母亲经常把这十个孩子放在东海里洗澡。洗完，就让他们像小鸟一样栖息在一棵大树上。每个太阳的形象中心都是一只三足鸟，于是，大树成了他们的家。其中，九个太阳栖息在较矮的树枝上，另一个太阳则在较高的树梢上。

每当黎明需要晨光来临时，栖息在树梢的那个太阳就会坐着双轮车，穿越天空，照耀人间，把光和热洒遍世界的每一个角落。十个太阳每天一换，轮流当班，秩序井然，天地万物一片和谐。人们在大地上日出而耕，日落而息，生活得非常幸福。因感恩太阳带来了时辰、光明、温暖和欢乐，人们经常面向天空顶礼膜拜。

可是，时间一长，十个太阳觉得无聊了，很想一起去周游天空。于是，黎明来临之际，十个太阳登上双轮车，一起穿越天空。这时，大地上的人和万物都受不了了。十个太阳共同放射出的热量烤焦了大地，烧死许许多多的人和动物。所有的树木、庄稼和房屋都被烧成灰烬。一些尚未烧死的人和动物四处逃窜，发疯似地寻找可以躲避灾难的地方，以及救命的水和食物。

一时间，河流干涸，大海几近枯竭，所有的鱼类都死光了。水里的怪物伺机爬到岸上偷取食物。农作物和果园枯萎变焦。可怜的人们不是被太阳活活烧死，就是被野兽吞食。人们在浩瀚火海中苦苦挣扎，祈求上苍的恩赐与救赎！

当时，有一位年轻英俊的英雄叫后羿，他是个神箭手，箭法超群，百发百中。天帝召唤他，命他驱赶太阳。面对惨遭厄运的人们，他十分不忍，暗下决心要射掉多余的太阳。

为了拯救人类，后羿开弓搭箭，射掉了九个太阳。这九个太阳里的九只鸟都死了。天空出现爆裂的火球，一只只三足鸟坠落大地。最后，天上只留下了一个太阳。

从此，大地气候适宜，万物更新。后羿又射杀了毒蛇和猛兽，为民除害。因而，民间奉他为"箭神"。

📖 【解析】

　　"后羿"这个神话人物形象，把弓箭用到如此登峰造极的境界，自然拥有弓箭意象的心理品质和象征意义。他能射掉太阳，是因为他本身就是"太阳"，而且是更神奇的太阳。所以，他还具有"太阳"一般的自信、直率、阳刚、力量、果敢、坚强、光明磊落、有责任感和使命感。

## （二）弩

　　弩由弓发展而来，利用机械力量将箭射出。

　　早在古希腊和中国战国时期就出现了弩，之后传及几乎所有主要的军事国家，并一直沿用到近代火器被大量使用为止。传说，弩是由春秋时期的楚琴氏发明的。楚琴氏在战争中感觉弓箭的威力还不够大，便在弓上安装了臂，创造了第一把弩。

　　具体地说，就是把强劲的弓固定在带有箭槽和发射装置的木（或金属）杠上，弓弦张开后，由发射装置稳定住，箭放槽中，弓弦接箭尾。发射时，开动发射装置，箭沿着箭槽射出去。弩的质量和种类不断发展，有连射弩、自射弩、火箭弩等。有的弩还可以发射石弹或镶弹等，于是，又可分为箭弩和弹弩。

　　弩与弓的根本区别在于，弩具有延时结构，无须引弓和同时瞄准，可利用臂、足、腰、机械等多种方式引弓，从容瞄准，伺机发射。

　　弩的主要特点是：射程远，准确性高，穿透性强，杀伤力大，比弓省力。

　　弩不仅存于古代，也已经进入现代。现代弩的制作工艺和材料更先进，还在设计上吸收了现代武器——枪的优点，改进了弹道，致使弩在一度销声匿迹之后，再次得到部分国家军警部队的重视。

　　弩在发射时，无声、无光、无高热，既便于隐蔽地射杀目标，又可避免引爆目标周围的易燃易爆品，这使得弩在现代反恐作战和特种作战中，有机会扮演重要角色。

总之，以"弩"为主导人格的人，或在"挑武器"意象对话中选择弩的来访者，易伤及心理距离较远的人，针对性较强，精准度较高，对他人（或人际关系）的伤害性和破坏力较大，爆发情绪之前不需要拉开架势，甚至在对方毫无准备的情况下突然爆发情绪。

## （三）飞去来器

你是否在现场或电视上见过这种表演？表演者将一支个头不大的飞去来器扔出去，它绕着观众的头顶盘旋一圈，随即又在一片惊呼声中乖乖地飞回表演者的手中。其实，它在古代不是用来做表演的物件，而是一种武器，由坚硬的曲木制成，用于狩猎和战争。

飞去来器，又名回旋镖、自归器、飞去飞来器等，飞出去之后还会再飞回来。它造型多样，有"V"字形、"十"字形、香蕉形、钟形、三叶形、多叶形……它是有一定长度、角度和形状的薄片或曲棒。抛出去飞速旋转，利用空气动力原理呈曲线击打目标。若击不中目标，可借助自身的回旋力再飞回来。

原始人用它行猎。中国古人和古埃及人都曾将其作为武器。它在澳大利亚更是"宠儿"。中央电视台经济频道曾报道过，数千年以前，澳大利亚土著人发明了一种叫"飞来器"的神奇武器。最常见的是"V"字形和香蕉形。在狩猎时，猎手向猎物投出，击不中猎物的话就会飞回抛射者的手里。它是澳大利亚土著人传统的狩猎工具，而今已经发展为娱乐项目、健身运动和投掷比赛，这项运动风行欧美。

2000年悉尼奥运会的原会标，就是根据"飞来器"实物绘制而成，图案上方用"飞来器"组成一个举着奥运会火炬奔跑的运动员形象。

飞去来器的圆周路径与抛掷速率无关，唯有转动惯量和飞去来器的截面形状，才能决定飞行路径的半径。所以，不管用多大的力（在假定的铅直面上做相同的投掷，且用力足以飞完全程），其路径不变。要想改变圆周路径的大小，必须换个不同转动惯量或不同截面形状的飞去来器。诚然，对于力图打破抛远纪录的人来说，也可以在镖臂处加上载物，以增加转动惯量。

飞盘与飞去来器的飞行原理相同，也是以同样的方式飞行。它们都可以轻触地面而不影响飞行。

简要地说，飞去来器的意象特点及其象征意义有如下几方面。

第一，即使击中目标，也只是轻微伤害。以"飞去来器"为主导人格的人，或者在"挑武器"意象对话中选择该武器意象的人，即使直接表达消极情绪，对于对方以及彼此关系的伤害性也比较小。

第二，即使击不中目标，也懂得迂回。个性灵活，不执拗，不强硬。在心理防御机制方面，多用"合理化"和"回避"。

第三，不宜在强风中投掷。风作为一个自然物意象，有多个象征意义，如灵动、自由、力量等。其中，与情绪相关的象征意义是愤怒。也就是说，飞去来器意象的主人不善于或者害怕面对和表达比较强烈的愤怒情绪。

## （四）标枪

尽管名称里带一个"枪"字，标枪却属于抛射类武器意象。因为它是一种带镞的短投掷梭镖，又称投枪、投矛、短矛、镶枪等，明显不同于"枪扎一条线"的枪。

标枪是可以离手的枪，而且距离较远。希腊斯巴达人的轻装步兵可将标枪投掷 20～60 米远。为使标枪投掷得更远，有的标枪上还装有皮带环。因此，与冷兵器中其他的"枪"相比，标枪的杀伤距离更远——更容易伤及心理距离较远的人或关系，如社会层面的关系。

中国原始社会已有标枪，但到宋代才成为军队常规武器，又称"梭枪"。它有三角形、四角形、圆形数种，多数两端有刃，既可马上刺敌，又可抛掷杀敌。明代军队中有一种两头尖，中间粗，两端都可以刺人的标枪。倘若来访者选择了这种两头带尖/刃的标枪，则意味着消极情绪一旦爆发，既可伤及心理距离较远的人，也可伤及亲近关系里的人。

在尚不懂使用弓箭的部落和不使用弓箭的部落，标枪是一种基本的投掷武器。

在西方历史上，骑兵常常使用标枪。古希腊、古罗马和马其顿的骑兵都曾以不同的方式用过它。后有经过专门训练的"标枪骑兵"。标枪骑兵就是携带标枪作战的骑兵。与弓骑兵（携带弓箭作战的骑兵）相比，标枪骑兵的攻击力和破甲力更强。他们只需一只手投掷标枪，另一只手拿盾牌——攻守兼备。

如果来访者看到的意象是"一个骑兵手里拿着标枪"，建议多问一句："他手里是否还有其他的武器？"然后，依此判断其攻击性的程度、情绪积压的程度以及是否有自我保护意识和自我保护能力。

# 四、防御类

## （一）盾

据说，我国最早的盾，远在黄帝时代就出现了。《山海经》里记载了有关刑天这位英雄人物的神话。这是我国最早对盾的描写。书中描述，刑天一手持干，一手操斧，挥舞不止，雄姿飒爽。陶渊明为此赋诗赞誉："刑天舞干戚，猛志固常在。"

古人称盾为"干"，与戈同为战争效力，故有"干戈相见""大动干戈"等词语，还有"化干戈为玉帛"的说法。后来，它还被称作"牌""彭排"等。盾可分为长牌、旁牌、燕尾牌、罗马大盾、鸢形盾牌等。

作战时，手持盾牌可以掩身护体，抵御敌方的兵刃矢石，尤其是弓箭的攻击。一般呈长方形、梯形或圆形，尺寸不等。中央部分向外凸出，形似龟背，内有系带，称为"挽手"，用于抓握。

"龟背"不仅是盾牌的外形特点之一，也是重要的心理特点之一——善于忍耐，承受力较强。以"盾"为主导人格的人，或者在"挑武器"意象对话中选择盾的来访者，惯用的心理防御机制有：压抑；回避（shunning，表现为两个方面，一是回避他人，二是逃避实际行为，特别害怕失败）；隔离（isolation，下意识地将痛苦的情绪排斥于意识之外，而以快乐原则的利益取而代之，以至于始终没有察觉到这种痛苦情绪的存在）。

仅就心理防御机制而言，在常见的冷兵器意象当中，盾牌尤为突出"隔离"的机制。弗洛伊德在《焦虑问题》一文中，把"隔离"作为强迫症的病理心理学进行了讨论。他提出，隔离是一个潜意识的过程，被隔离的思想与先前的那些思想隔离开来，继之以短暂的心理空白期。对于这些在心理上剥夺了任何联系的被隔离的思想，自我（ego）竭力限制它再度进入意识。这种思想是作为"不可接触"的思想来对待的（查尔斯·布伦纳，2000，p.98）。

按照材质，盾牌还可分为木牌、竹牌、藤牌、革牌、铜牌、铁牌等。其中，木牌和革牌的历史最长，应用也最普遍。前文讲过，武器意象的材质象征性格基调。就上述盾牌材质而言，木、竹、藤属于一类意象；革，单独一类；铜铁为金属类。在结实程度（意指坚强、耐受力）上，铜＞铁＞革＞藤＞竹＞木。

其中，金属最理性，善于压抑各种消极情绪；革，朴实，不易腐烂，有透气性，有吸水性（能够面对和表达与泪水相关的情绪，如委屈、哀伤等）；木，朴实，自然，不虚饰；竹，清淡高雅，不卑不亢，有气节；藤，密实坚固，轻巧坚韧，有弹性。

因此，在做"挑武器"意象对话时，如果能引导来访者看清盾牌意象的材质，则有助于更深入、更细腻地了解他/她处理人际冲突及消极情绪的特点，并依此提出相应的建设性建议。

除龟背和材质的基本象征意义之外，盾还具有以下象征意义。

其一，心理防御功能强。这是盾最基本的象征意义。即使到了高科技武器发达的现代，盾也没有从我们的生活中消失。防爆盾是现代防暴警察常用的防御器材。其具体构造包括盾板和托板，盾板多为外凸圆弧形或弧面长方形，类似于罗马盾。一般用于应对群体骚乱等低等级的冲突，能够有效阻挡砖瓦、石块、棍棒、玻璃瓶等物体的击打和冲刺。特种警察所使用的防爆盾还具有防弹、防冲击波、防强光等功能，能抵挡轻型武器的近距离射击。

其二，近距离无伤。换言之，盾意象的主人更善于在亲近关系里保护自我。当然，他们付出的心理代价是压抑内心的真实感受、回避问题和隔离情感、情绪。

其三，有时故作恐吓状。现实中的盾牌表面，有时绘有各种彩色的图案、标志和徽章等，如镶嵌虎头、狮面、骷髅等金属盾饰，面目狰狞，令人望而生畏。其心理功效，不过是为了更好地掩藏自我，保护自我，提醒对方不要"得寸进尺"。

其四，攻守兼备。盾，虽为防御性武器，一般情况下，本身不具有攻击性和杀伤力，但在现实中常与刺杀格斗类武器（如刀、剑、矛等）配合使用。明代大将戚继光曾以盾牌和狼筅（音同"显"）并列布排鸳鸯阵，在抗倭战斗中屡建奇功。明代还发明过能与火器并用的多种盾牌，既能防御，又能攻击，且具有不小的威力，可以说是古代的"坦克"。它们常用生牛皮制成，内藏火器。战斗时，牌手持盾掩护兵卒前进，先向敌方的步兵或骑兵喷火，火焰喷射两三丈远，可抵挡强兵十余人。当时，最大的一个盾牌后面可以遮蔽 25 人。倘若数面盾牌相连，可在瞬间布列城墙，阻挡对方进攻。它也因此有了不少响亮的名称，如神行破敌猛火刀牌、虎头火牌、无敌神牌等。

在"挑武器"意象对话的过程中，对于那些有配合性武器同时使用的"盾"主，须同时解读具体的盾意象和具体的其他武器意象。并且，要关注它们配合使用的具体方式——是防御心理更重，还是攻击性更大。

## （二）铠甲

铠甲是一种特殊的衣服，穿在身上用以防护。最初以藤木和皮革等材料制造。随着科学技术的发展，出现了青铜铠甲和铁制铠甲，可以有效地抵御青铜和铁制兵器的攻击。

既然是衣服，铠甲首先具有衣服的象征意义。

衣服象征人格面具。"面具"一词并无贬义。"人格"这个单词最早源于拉丁语persona，意为面具（演员所戴的面具）。人类在创造语言的时候，就已经意识到，人需要自我形象的保护，无论是在戏剧里，还是在现实中。从荣格分析心理学的意义上说，persona实际上就是我们所说的"我"，我们让别人看到的自己。

因而，不同颜色、质地、款式的衣服，代表不同的人格特点。

铠甲的特点及其象征意义有以下几方面。

第一，警惕性高。因为铠甲是作战时穿戴的。作战代表冲突和紧张，意为内心深处缺乏安全感。

第二，被动防御。铠甲主要用于古代冷兵器时期，其功能在于保护身体，抵挡刺伤性武器的攻击，降低或免除伤害。

如果来访者的武器意象是"身穿铠甲、手持盾牌"，甚至"站在或蹲在盾牌后面"，则象征较高的自我防御状态，内心很紧张，也很警惕，不敢在亲近的人面前表达自认为"示弱"的消极情绪，如委屈、伤心、失望、无助感、无力感、无能感等。

在临床上，我们遇到过一些选择盾牌和铠甲意象的来访者，他们往往有躯体化（somatization，常见的心理防御机制之一）的现象，即将心理上的不舒服下意识地转化为身体上的不舒服，最严重的情况是，将心理疾病下意识地转化为躯体疾病。因为他们更不善于用语言直接表达内心的不舒服，思想和情感被压抑，便下意识地用身体感觉的形式去表达了。这么做的好处是，容易获得关注和同情，甚至获得特殊优待，不易被拒绝或指责，可以冒更小的精神风险和人际风险。

第三，几乎没有攻击性。被动防御的特点导致铠甲本身几乎无法主动攻击，也不具有杀伤力。来访者不知道如何表达自己的消极感受，善于或惯于忍耐、压抑和逃避。

第四，心理灵活度较弱，有明显的心理弱点。铠甲由甲身、甲裙和甲袖三个部分组成。甲裙和甲袖可上下伸缩，便于行动和作战。也正是为了便于行动和作战，穿铠甲的人不得不暴露几处薄弱部位：眼睛（即使戴上头盔）、关节和腋窝。

人体本身就是一个意象，所有的部位、组织、结构、脏器等都各具心理象征意义。其中，眼睛象征欲望、智慧、洞察力等；关节代表关系的联结，特别是肩关节、肘关节、髋关节、膝关节等较大的关节；柔软而敏感的腋窝象征薄弱，因为腋窝原本就是人体的薄弱部位，哪怕胳肢腋窝会使人发笑，也是欣快感与痛苦感同存。

因此，披甲戴盔之人，好似住在城堡里，自己的内心多了一份安全感，看上去把身体防护得也不错，却非铜墙铁壁、滴水不漏，其洞察力、灵活性和行动力都会一定程度地有所减弱。

# 五、 暗器

所谓"暗器"，是指那种便于在暗中实施突袭的武器。

它们体积小，分量轻，便于携带，大多有尖有刃，可以掷出十几米乃至几十米之远，速度快，隐蔽性强，相当于常规兵刃的大幅度延伸，具有较大威力。特别是在一对一的打斗中，双方的身体距离很近，暗器可以发挥独特的作用。

需要指出的是，许多暗器都被涂上毒药，击中对方后，毒药可随血液流遍全身，迅速致人死亡。毒的象征意义前文已叙，此不赘述。

作为一类武器意象，暗器的象征意义有以下几方面。

第一，自卑感较强，而且不敢承认和面对。在人类的集体潜意识里，凡是象征自卑的动物意象和人物意象，都具有一些共性：外貌丑陋（既是自我评价的投射，也是自卑的根源，同时又强化了内心的自卑感，更加地不接纳自我）；喜欢生活在阴暗或泥泞的地方（如鳄鱼活在泥潭里，老鼠住在地洞里，蟑螂躲在角落里等）；行为方式阴暗，不敢开诚布公地表达自己的真实感受、需求或愿望（喜阴，不喜阳，不相信自己值得爱与被爱，所以害怕活在阳光下，害怕别人看到自己所认为的"不好"）。暗器意象亦是如此。

对于象征自卑的动物、人物或器物意象，心理咨询师最需要做到的就是无条件接纳。在此前提下，鼓励来访者用健康的方式勇敢表达压抑在心底的真实感受、需求和愿望。如果意象（包括梦境、沙盘、绘画等）中，有一个"对立面"——不接纳这类自卑意象的意象，甚至以冲突的方式出场（如斥责、打斗、战争等），心理咨询师就要帮助他们在潜意识里停止冲突、彼此倾听、真诚沟通，直到能够相互理解、相互接纳。这也是意象对话心理疗法中化解情结与完善人格的常用方法之一。

第二，心理能量较小，生活目标单一。暗器的体积小、分量轻，不仅仅是为了方便携带和隐藏，主要是因为其心理能量比较小（与自卑感相关），生活目标单一，所以心理空间也比较小，缺乏自信与灵活。有些暗器意象甚至个性偏执。

几乎在每一部武侠小说和武打电影里，都有一个心狠手辣、处心积虑地想要称霸武林的角色，打拼一辈子似乎只是为了证明一件事："我最厉害！"这样的人往往心存"暗器"——即使没有用过某种具体的暗器，其行为方式也免不了不择手段，阴招损招一应俱全。

第三，破坏力较大。尽管暗器的心理能量比较小，但是，因"出其不备"或

"有毒"而令对方防不胜防，非死即伤。并且，受武德精神的影响，主流价值观讲究依靠真本事、真功夫取胜，反对背后暗算，所以，暗器的"偷袭"式行为容易引起对方的厌恶感，故在现实层面，对于人际关系的破坏力较大。

就武器范畴来说，暗器有许多，如飞剑、飞刀、飞镖、梅花针、飞针、飞刺、飞铊、飞铙、梅花袖箭、袖筒箭、花装弩、踏弩、袖弩、袖圈、袖蛋、弹弓、飞蝗石、铁莲花、铁鸳鸯、如意珠、流星锤、铁拳、龙须钩、绳镖、罗汉钱、喷筒、龙吒、梅吒、血滴子、鸟嘴铳等。

在冷兵器范畴内，根据使用方式（象征心理动作），我们将暗器意象分为手掷、索击和机射三类。

## （一）手掷类暗器

手掷类暗器有金钱镖，飞镖，掷箭（甩手箭），飞叉，飞铙，飞刺（包括三棱刺、峨眉刺），飞剑，飞刀，飞蝗石，铁橄榄（枣核箭），如意珠，乾坤圈，铁鸳鸯，铁蟾蜍，梅花针，镖刀（三尖两刃）等。

在所有暗器中，手掷类暗器应用最广泛，式样也最多，下面简要介绍几种。

### 1. 飞镖

飞镖，又名"脱手镖"，有三棱、五棱、圆柱等形状，前面均为尖头（见图3-7）。一般镖长约10厘米，重约0.2千克。镖的末端常系有红绿绸布，叫作"镖衣"，有助于镖的稳定飞行，同时也有一定的展示性。相传飞镖源于西域，后传至中原。到了清代，武林中几乎人人都学此技，民国时依然流行。

旧时，有习武者把方孔铜钱当作飞镖，取名"金钱镖"。一般的金钱镖，大多将铜钱周边磨得非常锋利，犹如刀刃，掷出时凌空飞旋，以其边刃而伤人。功力深的人，即使不磨刃，直接凭腕力也可掷出伤人。到了清末民初，银圆成为通行货币。由于银圆的分量较重，平时多有携带，所以也有人用银圆代替铜钱作为暗器。

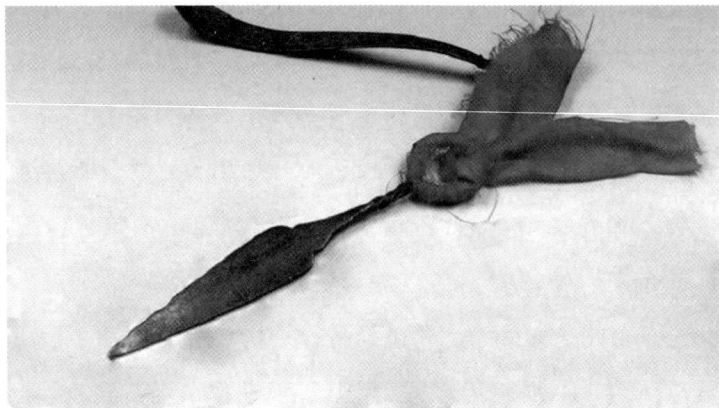

图 3-7　飞镖

飞镖的象征意义主要有以下几方面。

其一，个性尖锐。其实，这是所有手掷类暗器的共性。镖与飞刀相似，相当于飞出去的匕首。最具杀伤力的心理动作是"刺"——接触面积小，一旦接触身体，非死即伤。以"镖""飞刀"或"匕首"为主导人格的人（尤其是女性），往往不够温柔（至少在真正爱上一个人之前），也不太喜欢"示弱"（如撒娇），一旦生气，说起话来会比较尖酸刻薄。

其二，精灵活泼，眼疾手快。这不仅是用镖者的必备素质，更是"镖"的另一个心理品质。

其三，既有自我保护意识，又有一定的攻击力。练成"放镖"，可谓会用镖了；练成"接镖"，才算精通镖技。倘若能放不能接，就意味着只能伤人，无法自卫。

从武学的角度来讲，练镖必须是两人对练。从心学的角度来讲，就是在现实生活中，两个人成日里互相讽刺、挖苦、打击（即飞镖的动态意象），方能练出上乘的"飞镖"高手。

用意象的方式描绘此画面：一镖飞来，先让它过去，然后从后面接抢，迅速调转镖头回放过去。这样既可避免迎面冲接的受伤危险，又能迅速杀个"回马枪"。

**2. 掷箭**

掷箭，又名"甩手箭"或"摔手箭"，使用时必须甩手腕发出，故而得名。掷箭是用细竹制成的，箭杆浑圆，前端削尖，后端无羽，犹如一根削尖的竹筷。

掷箭取材容易，制作简便，武林中人学习此技的人非常多。技成之后，还可举一反三，灵活多变，凡筷子、树枝、发钗之类的细短之物，皆可顺手掷出。但竹箭轻飘，想要熟练掌握并不容易。相传，掷箭源于嵩山少林寺，清初才流传到社会上。

掷箭的象征意义主要有以下几方面。

第一，性格基调质朴、刚直、简单，不虚饰，不浮夸。

第二，行为方式的特点是，表面上并不强势，比较温和或安静，但心里暗暗使劲。

第三，与弓弩相比，掷箭是空手发箭，更加不易让对方察觉，且需十足的腕力。掷箭的这种使用方式代表内在的自信和"信手拈来"的灵活。

**3. 飞蝗石、 鹅卵石**

在中国的冷兵器时代，除了唾手可得的树枝、珠子、簪钗、碗筷等可以成为突袭别人的暗器之外，散落在山间河滩、俯拾即有的石子也能发挥意想不到的作用。飞蝗石和鹅卵石就是其中的典型代表。

飞蝗石是有棱角的细长状坚石，因其外形略如蝗虫，所以叫"飞蝗石"，飞蝗石每块重约 0.2 千克，平时储于袋中，悬于腰间。鹅卵石就是河滩上的椭圆形石块，因其外形、重量都和鹅卵差不多，所以叫"鹅卵石"。

在外貌上，飞蝗石与鹅卵石最大的区别在于，前者有棱角，后者无棱角。棱角象征毫不掩饰或压抑自己的个性特征，不会为了照顾他人的感受而委屈自己。

在制作工艺上，飞蝗石和鹅卵石几乎是最简单、最便捷、也最便宜的暗器。这些特点象征一种心理品质——简单。

在材质上，飞蝗石和鹅卵石都是石头。"石头"具有坚强、坚定、顽固、顽强、稳定、压抑、困难或障碍等象征意义。以"石头"或石头所制之物为主导人格的人，在"挑武器"意象对话中选择石头质地武器的人，性格坚强、顽固，意志坚定，不畏艰辛，善于压抑自己内心的真情实感，勇于战胜困难，挑战自我。

在用法上，要想达到直接攻击的效果，只能掷向对方的头部、面部、眼部、鼻部等薄弱部位，以及手腕、足踝等脆弱关节。其心理意义是善于捕捉别人的薄弱之处，并攻其不备，但杀伤力有限。

### 4. 梅花针

这里所说的梅花针，也叫无影针，与中医所讲的针灸无关，仅指暗器。

梅花针堪称罕见暗器。其构造是五枚钢针在根部相连，形状为五刃形或多刃形。通常，针的长度约为3厘米。击中敌身后，分刺五点，状如梅花五瓣。由此得名梅花针。

一般情况下，使用者把针藏在口袋里，近战时突然抛出，或直接握针扎入对方体内。然而，梅花针自身的威力并不大。也有人在逃跑时把它撒在地上，以图扎伤追逃者的脚。梅花针在中国武林中的历史相当久远，但今日已几近绝迹。

梅花针象征个性内敛、自卑，心思缜密、细腻，情绪一般不外露，用言语表达消极情绪时不够直接，常有尖酸刻薄之意。

> 在古龙先生的著名小说《多情剑客无情剑》里，臭名昭著的梅花盗用的暗器就是梅花针。这个人劫财劫色。凡是死在他手上的人，致命伤痕必在前胸，留下五个像梅花一样排列的血痕，血痕微如针眼。

**【解析】**

　　小说中的梅花盗其实是一个自卑而胆大的人。胆大是为了证明自己厉害，以补偿他的自卑感。他骨子里不相信凭借自己的人格魅力和人际能力可以获得财富与爱情，所以就四处打劫，从别人那里抢。抢的方式是偷偷地"扎小针"——心思细腻而阴暗。扎的部位是在打劫对象的前胸——这是一个投射行为，将自己心里的不舒服下意识地投射到别人身上。

　　投射是一种心理防御机制，也是人类最原始、最普遍的心理防御机制。它使得个体将个人的欲望或冲动投射于他人、他物或外界的其他事物。投射往往不分对象。

　　这个心理过程好像泼脏水。内心的不舒服仿佛"脏水"（投射的内容，既有主体感觉舒服的情感、情绪、冲动等，也有感觉不适的，只不过临床心理学更关注感觉不适的这一部分），主体常常以为泼出去了，自己就舒服了，于是每当感到不舒服就往外泼。时间久了，养成了习惯，不管内心舒服不舒服，都会不自觉地往外泼。至于是否泼准了，是否真把别人弄脏了，泼的主人并不关心。对于他来说，更重要的是泼出去。似乎只要泼出去，就与自己无关，内心就会好受一些。

### 5. 乾坤圈

　　乾坤圈，本名"阴阳刺轮"（见图3-8）。中国古老传说中的哪吒，脖子上戴一个金色的圆环，"三头六眼八臂，口吐青云……云降雨从，乾坤烁动"。于是，江湖上依此称阴阳刺轮为"乾坤圈"。而暗器乾坤圈，内有尖刺，外有锋刃，不可能戴在脖子上，太危险了。所以，哪吒的乾坤圈不是我们这里所讲的乾坤圈。

　　乾坤圈的形状像镯子，是铁制圆圈，一般直径约15厘米，内外沿全部开刃。手握之处是浑圆的，只占圈的1/4。取圈时，稍不注意就会弄伤自己。可见，"锋利"既是它的行为优势，也容易付出自伤的代价。

图 3-8　乾坤圈

抛出后，乾坤圈以旋飞击敌，是最锋利的暗器之一。艺精者可一手抛出两圈，但练成不易。曾有人在表演时掷出一个乾坤圈，将丈余外的十支蜡烛一下齐腰截去，令观者惊叹不已。

从用法上可以看出，乾坤圈是利用锋利的刃刺和旋转的力量来完成攻击动作的。如果说锋利的刃刺好似尖利的牙齿，旋转则代表在体内酝酿了许久或积压了很深的情绪，释放的瞬间犹如一股旋风——不直接，却透着执拗的力量。

**6. 如意珠**

如意珠，也叫摩尼珠或摩尼宝珠。佛经上说，此珠出自龙王或摩羯鱼的脑中，或是佛舍利所变。佛教认为，它能满足人的任何希望与要求，故称"如意珠"。一般是用檀香木、红木或玉石等做成圆形的珠子，中间穿圆孔，用线串成，作为佛或菩萨手持的宝物，也可以作为如意的象征物。

作为暗器使用时，用两指拈之，一指弹射，专打软麻穴位。

如意珠与其他手掷类暗器相比，由于没有尖锐利器，而降低了杀伤力。或者说，如意珠对于人际关系的破坏力较小。专打软麻穴位的心理目的在于控制危险，制止伤害。

值得注意的是，还有一些暗器，或套在手上使用，或藏于手指之间，或置于鞋尖，均运用肢体的力量来增加攻击力和杀伤力。比如，拳刺、指虎、手锥、铁甲钩等。这些暗器在使用过程中，未必离手投掷，但因均与肢体有关，在一定程度上延伸或强化了某个肢体部位的攻击力，从而增强肢体自身的控制力，而手可以作为肢体的典型代表，所以，姑且把它们也归为手掷类暗器。

大家可以看到，在考量类别划分时，武器心学与武器学是站在不同视角的，前者更多关注的是其心理象征意义，后者更多关注的是其实际性能、功效和使用方式等。没有高低优劣，仅是差异而已。

下面，列举几个这样的暗器。

手指剑是套在手指头上的微型短剑。

手指剑也是剑客，只不过不够自信，不够光明磊落，心理健康水平较低。戴上手指剑的手，更像动物的利爪，更冷，更硬，更尖锐，象征较强的控制欲或控制力。

手本身就可以象征控制。在手或手指上下功夫，也就代表增强自己的控制力。一个人之所以想要通过手来增强控制力，是因为内心有较强的控制欲，而这种欲望往往源于内心害怕失控的恐惧感，甚至已经有了失控感。

在许多古老的童话故事和武侠文学作品里，都出现过长着长长的尖利指甲的角色，如枯瘦丑陋的老巫婆、因爱生恨的绝情女子等。尽管他们长的是指甲，却因"尖"和"硬"而具有了普通手指甲所不具备的杀伤力。这种情况类似于戴上了手指剑，只是"尖""硬"程度及其杀伤力弱于手指剑而已。

手盔也叫铁四指、铁拳套、手撑子、指虎等，是一种拳击武器。椭圆形，中央有 4 个圆孔，金属质地。套在大拇指以外的 4 个手指上，卡在第二指节处，握紧即可（见图 3-9）。

图 3-9　手盔

有的手盔会在指环凸起处增加钢刺或钢珠，以提升拳头的攻击力及其杀伤力。在欧洲文艺复兴之前，这种手盔是许多角斗士、拳法师、刺客、杀手、间谍和盗贼等人的常用武器。尤其是刺客，先偷偷靠近刺杀目标，再趁其不备在对方的脖子后面猛然一拳，一击致命。

与手指剑明显不同的是，手盔靠的不是刺伤力，而是重力。简单直接的重力击打，象征简单直接的情绪爆发。如果说手指剑像匕首，不带钢刺的手盔则像锤——不如手指剑灵活，比之更拙，却也更执拗。抑或换一种比喻，手指剑似琴，手盔似鼓。

指针（见图 3-10）。佩戴指针时，通常将指针的针刺朝向掌心，一般用于刺伤对方的面部。

面部象征尊严（俗语所说的"脸面""面子"）和面对。指针刺伤面部，有两层意思：一是指针（意象）的主人内心感觉被伤害了尊严或自尊；二是由于无法面对被伤尊严的痛苦，故采取"以牙还牙"式的还击，"我专打你的脸！"这种行为方式的潜台词——潜意识里是说，"让你也尝尝我的苦"。

图 3-10　指针

有时，用于刺伤对方的颈部或四肢。若抓和刺的部位是颈部或四肢的要点部位，指针施加压力就会造成对方眩晕。也有人将针部淬毒，伤害性和破坏性明显增强。

点穴针。它有 3 个尖，也有带钩的，专门击点对方的穴道要害（见图 3-11）。

"穴位"是中国文化和中医所特有的名词，学名腧（音同"树"）穴，也叫穴或穴道，指人体经络线上特殊的点区部位，多为神经末梢和血管较多的地方。中医可以通过针灸或者推拿、点按、艾灸刺激相应的经络点来治疗疾病。

人体穴位总计 720 个，医用 402 个。其中，要害穴位 108 个，有活穴和死穴之分。不致死的活穴 72 个，致命的死穴 36 个。死穴又分软麻、昏眩、轻和重 4 种穴，每种皆有 9 个穴，合计 36 个致命穴。且有歌诀流传："百会倒在地，尾闾不还乡，章门被击中，十人九人亡，太阳和哑门，必然见阎王，断脊无接骨，膝下急亡身。"

对于死穴，正常的按摩并无大碍，只有受到意外的重力、非正常的力道或某些危险物品的侵害，才会取人性命。在临阵实战中，点穴针的功效可用拳谱中的

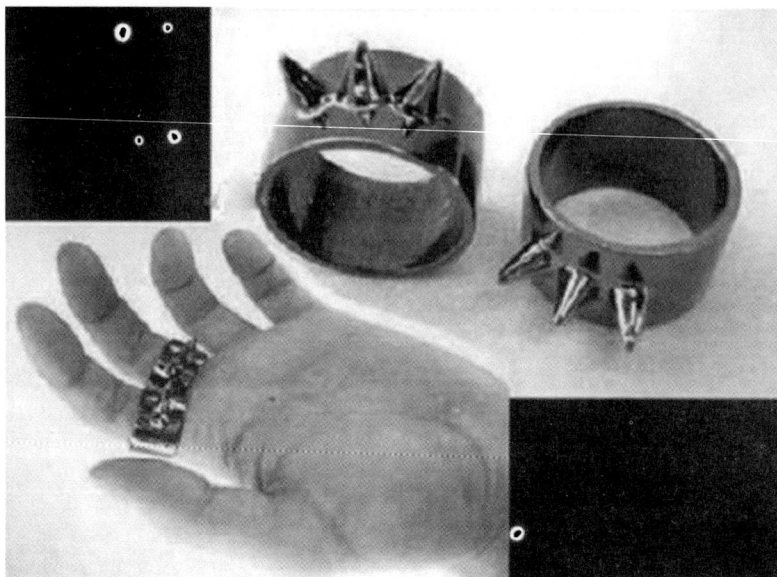

图 3-11　点穴针

一句话简要概括，"紧要关头点一穴，转败为胜快心头"。

所以，点穴针的特点及其象征意义是，利用对方先天的弱点而实施攻击。从心理学的角度做进一步探索，其使用者（指以"点穴针"为主导人格的人，或选择此意象的来访者）需要具备丰富的社会经验、敏锐的洞察力和"机会"意识。

吹箭。它是将细小的竹箭藏于吹管之中，临敌之际，用力一吹，竹箭即从管中射出。标准的吹管一般为竹制，短吹管长约 25 厘米，长吹管约 50 厘米，两端开口，外表光洁，刻有纹饰，也可当短棍使用，曾经在武林中颇为盛行（见图 3-12）。

吹箭是将呼吸的力量集中在胸部，然后用嘴"一气呵成"。胸部象征情感，特别是后天的社会性情感（如公正感、公平感等，相对于肚脐眼下方腹部所象征的原始情感而言）。嘴部象征"吐故纳新"与表达。

以"吹箭"为主导人格的人，往往心里有情绪，却不善或不愿讲出口。"不说

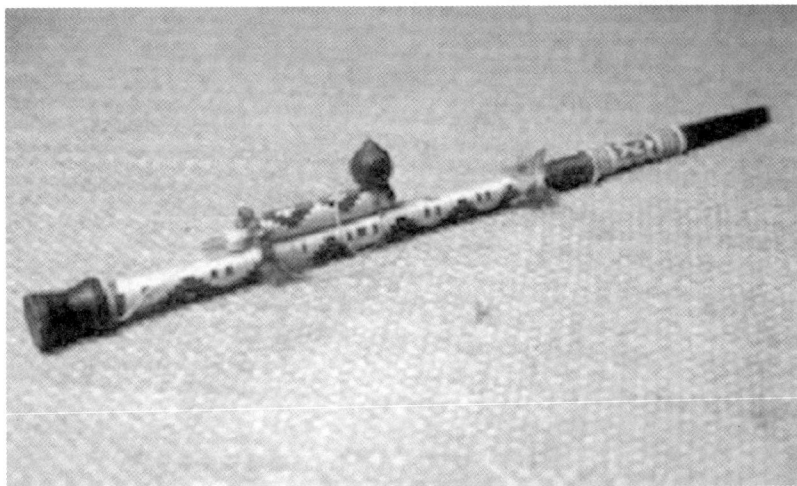

图 3-12　吹箭

话，只放箭"——易出口伤人。

排针。它也叫鞋针。置于鞋尖，专门用于踢打对方的身体要害，多用于女子。

要想了解"排针"的象征意义，必须读懂"鞋"。"鞋"最常见的象征意义是异性或亲密关系。心理学里所说的"亲密关系"，狭义上指婚恋关系。因而，人们相信"婚姻就像鞋子，合不合脚，只有自己知道"。

在诸多暗器当中，排针多为女子所用，目的在于在性的方面进行自我保护。用鞋踢打，流露出对异性的不满、愤怒或敌意，这些情绪的背后是不信任。可能是不信任异性，也可能是不信任亲密关系。排针专门用于踢打对方的身体要害，代表对性的排斥、厌恶或恐惧。

在"挑武器"意象对话的临床实践中，选择在鞋上设置机关以作防御的来访者，确实基本为女性。数量虽然不多，但性别差异非常显著。目前，最常见的情况是，来访者曾经或正在经历与婚恋关系相关的创伤性事件或创伤性体验，有时也会遇到与性创伤相关的案例。

为了更深入地陪伴来访者成长，我常常会做进一步引导："你最想踢谁？""这个人长什么样子？你对他的感觉是什么？""如果不抬起脚来踢他，而是用语言表达此刻的感受，你想说什么？"在这个过程中，来访者的情绪往往会一层层浮出水面。有的是从愤怒变为伤心，有的是从厌恶转为恐惧，也有的是在害怕过后体验到了无助……

双刃刀、三刃匕首。在历史上，双刃刀最早是古印度武士拉其普特人使用的武器（见图 3-13）。这些武士以战斗和荣誉为生活方式。双刃刀意象也因此具有了一种个性化的象征意义：荣誉。

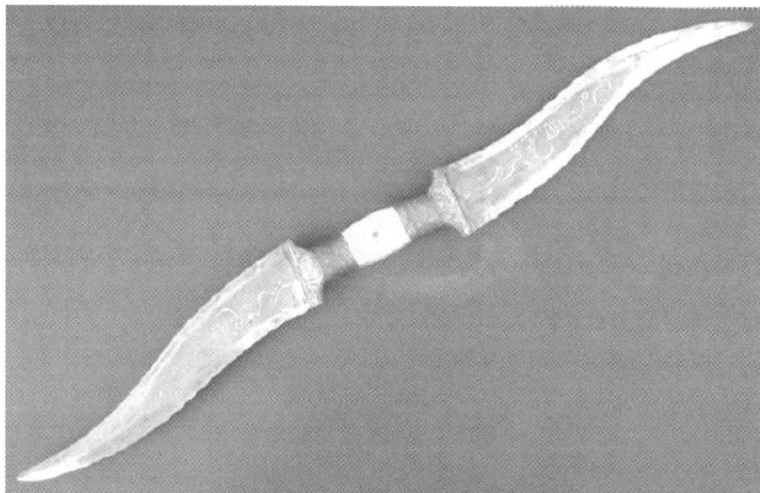

图 3-13　双刃刀

具体到某个来访者的身上，他/她所选择的双刃刀意象是否具有"荣誉"的象征意义，以及具体是指什么荣誉，均需细致沟通才能知晓。有的来访者并不清楚这个武器的名称，但所描述出来的具体形象确实是双刃刀，来访者可能称之为"两把匕首合在一起"或"前后各有一把匕首"等。心理咨询师不必纠结于他们如何称呼它。有时候，来访者描述三刃匕首意象时，也会出现这种类似的情况。

三刃匕首源于双刃刀，可以说是古印度双刃刀的变式——左右两边的刀刃稍长，中间垂直的刀刃稍短，其伤害性更大，危险系数更高（见图3-14）。

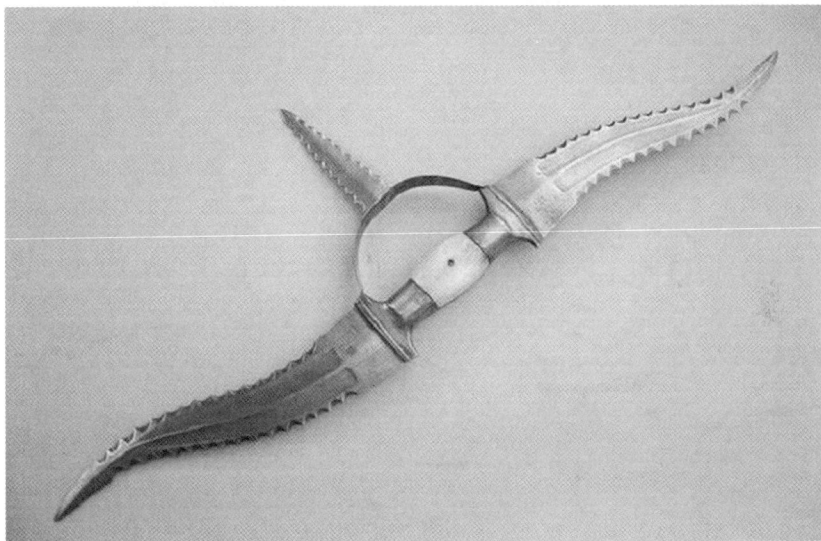

图3-14　三刃匕首

孔雀翎（见图3-15）。与其他暗器不同，孔雀翎来自中国文学作品——古龙的著名武侠小说《七种武器》。

在书中，孔雀翎是七种武器中的第二种，也是非常可怕的暗器。

孔雀翎从外表看一个闪闪发光的黄金圆筒，长约8寸，上面有两道枢纽。按下枢纽，筒里的暗器即刻飞射而出。在暗器射出的一刹那，仿佛孔雀开屏，璀璨辉煌。可是，就在你被这种炫目惊艳而感动、神迷的瞬间，它已经夺取了你的性命。

孔雀翎为秋家所有，由孔雀山庄的主人耗尽心血打造而成。当时，为了毁灭孔雀山庄，36名无敌于天下的黑道高手歃血为盟，联手进攻，结果全部死于孔雀翎。从此，孔雀翎名扬天下。在此后的300年间，又有将近300人因进犯孔雀

图 3-15　孔雀翎

山庄而毙命于孔雀翎。他们不是一代宗主，就是绝世高手。

数百年来，孔雀山庄屹立江湖，威风八面。到了庄主秋凤梧的父亲秋一枫那代，孔雀翎不幸遗失在泰山之巅，未能找回。秋凤梧把孔雀翎的图纸交给蜀中唐门的徐夫人。她用了 6 年的时间进行研制，因心力交瘁，头发都变白了，依然无法打造出一模一样的孔雀翎。真正的孔雀翎再也没有出现过。

古龙先生在这本书中，为七种武器分别设定了象征意义。其中，孔雀翎象征自信。他借孔雀翎的故事向世人传达一个理念：真正的胜利，并不是能用武器来争取的，一定要用信心。在他看来，无论多么可怕的武器，也比不上人类的信心。

因此，也可以说，七种武器中的第二种武器并非孔雀翎，而是信心。

## （二）索击类暗器

索击类暗器有血滴子、绳镖、流星锤、龙须钩等。

**1. 血滴子**

真正在江湖上出现过的血滴子，类似于拳指套的东西。既用于拳术格斗，也有女子随身携带备以防身。因其两片合起来组成血滴形状，所以被称为血滴子（见图3-16）。

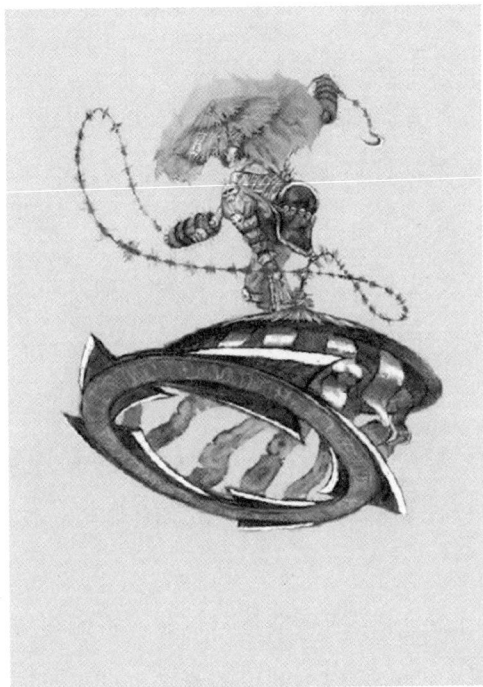

图 3-16　血滴子

这里所讲的血滴子，是明末清初通俗小说中所记载的一种暗器。在小说里，它是雍正皇帝的特务组织"粘杆处"所独有的一种暗器。整体形状像鸟笼子，尺寸超过成年人头颅的大小。使用时，趁人不备，带着绳索被放出去，罩在敌人的头上，拉动开关便可取人首级。由著名导演陈可辛监制、刘伟强执导的电影《血滴子》，就是这个背景。在不同版本的小说里，血滴子的材质有所不同。有的是皮革，内藏短刀。有的是金属，暗含机关。

血滴子的象征意义主要有三方面。

其一，威慑力。它的造型和用法犹如一个残忍的秘密杀手，与生俱来的恐怖气质散发出威慑的力量。另外，它在传说里（其实也是在中国老百姓的潜意识里），为高高在上的皇家所用，一旦被锁定为追杀目标，必是在劫难逃。

其二，控制欲。"头"象征理性和尊严。血滴子罩住人的头部，代表压其理性，夺其尊严，显露出较强的控制欲望。

其三，精神阉割。血滴子"取人首级"如刀砍斧挥，瞬间人头落地。头与身体的分离，是典型的阉割象征。所谓精神阉割，是指严重压抑阳刚血性和男子气概。典型的阳刚血性和男子气概是自信、坚定、力量、勇敢和担当。

不可忽略的是，有文献考证，世间确有一种毒物，叫"血滴子"。它是一种毒性极强的毒药，由毒蛇的毒液与毒树的毒液混合炼成，只需一滴就能让中毒者全身溃烂而亡，故称"血滴子"。炼制这种毒药的主要原料之一是一种名为"撒树"的树汁。这种树产于广西边境的深山里。苗人有一种毒箭，箭镞上所敷的"见血封喉"的毒药，就是用撒树汁熬制成的。苗山里没有撒树，他们要用重金从土人那里购买。

这种实为剧毒的"血滴子"，无须威慑与控制，也无须精神阉割，一滴就能夺人性命，其杀伤力是极大的，心理不健康的程度也可见一斑。

不管是客观现实，还是心理现实，"血滴子"的种类各不相同，其象征意义也各有差异。因而，在做"挑武器"意象对话时，心理咨询师须引导来访者看清楚，意象里的"血滴子"是什么样的，有何功能，如何发挥作用？

**2. 绳镖**

绳镖由镖头和绳索组成。镖头形似枪头，头尖尾广，尾部为圆形，有一铁环，贯穿绳索之用（见图 3-17）。绳索一般长 6～10 米。镖头的后面可以系彩绸（象征"展示"），也可以不系。

图 3-17  绳镖

平时可将绳镖缠于腰间，结成活扣。绳镖是用臂腕的抖甩之劲将镖发出，可击较远之敌，亦可通过控制绳索进行近距离攻击。镖发出后，不论是否命中，一般都应急速收回。如果技术不够娴熟，收镖时容易造成自伤。

由于绳索较长，取准不易。

清末民初时，河南卫辉府（府治在今卫辉市）有一董姓镖师颇精此技，曾在煤油灯的白瓷罩外斜放一枚铜钱，董某于两丈外骤放绳镖，应声击中铜钱，而灯罩完好无损。民国初年，北京天桥有个叫孟继永的武师专门表演绳镖。孟继永是河北武邑人，当时六十多岁，也是镖师出身，他把绳镖叫作"甩头一子"。

### 3. 流星锤

流星锤是一种以绳索一端系住锤体，另一端握于手中，用力向目标抛击的暗藏武器，现属软兵器类。又名飞锤。四川民间流行着一首歌谣："流星、流星，专打鼻子，不打眼睛。"

流星锤是由远古狩猎工具"流星索"发展而来的，后作为兵器用于战斗。战国时代水陆攻战图上就有双手施放流星，以袭击敌人的形象。清代民间跑江湖卖艺人，常使用流星锤"打场子"。流星锤不仅能缠住对方，还可以打击对方。其中，"缠"象征纠缠、束缚。

流星锤分锤体、软索、把手三部分。锤头各异，有浑圆头、瓜形、梭形。锤身大如饭碗，重量依据用者体力而定，一般为2～2.5千克。锤身末端留有象鼻眼，以蚕丝、人发、鹿脊筋丝编成的软索系于铁环，粗如手指，长8米有余。操作方法有缠、抛、抢、扫等，演练时可以巧妙地把绳缠绕在自己的腰身、胸背、肩肘、手腕、大腿、小腿上，然后抖手放开，抛击出去。

流星锤是将长绳末端系上铁锤，掷出以伤敌。铁锤外形，或浑圆，或瓜形，或多棱，重1.5～2.5千克，最重者可达4.5千克。铁锤后部有两眼，穿以铁环，长绳即系在铁环上。绳长7～10米。因铁锤冲力很大，所以不宜用一般麻绳，多用蚕丝、人发及鹿脊筋细丝混编而成，使长绳既柔且韧，不易断裂。民国初年，陈萝夔善用流星锤，曾于两丈外击石柱，每发必中，接连击断四柱。陈萝夔所用流星锤，是以熟铜铸成，重3.5千克，长绳粗过拇指。陈萝夔对友人说，他练此技已有十年，但仅右手尚可，左手取准稍差，还需苦练。

可见，运用"流星锤"的心理动作，不仅需要一定的力道、针对性和准确度，还要能够刚柔并济，收放自如。如果用不好，不但攻击无效，还可能伤及自身。

### 4. 飞爪

飞爪，又叫飞爪百练索，是一种很厉害的暗器。爪为钢制，略似手掌，有五个钢爪(也有三个爪、四个抓和九个爪的)，每个爪又分三节，可张可缩，其最前一节末端尖锐，犹如鹰爪。钢爪掌内装有机关，可控制各爪。钢爪尾部系有长索，与机关相连。以飞爪击人，只要将长索一抽，钢爪即猛然内缩，爪尖可深陷入肉，敌人万难摆脱。

飞爪不仅用于攻击对方的头部、面部、双肩和腰部，还能作为攀高越墙的工具。

飞爪是"爪"，似猛禽或猛兽的利爪，代表控制力和捕捉力。

### 5. 龙须钩

龙须钩是擒人之暗器，实为变相的挠钩和虎头钩（见图 3-18），两面有刃如剑，钩头有软索。标准的龙须钩身长约 1 尺，后部成半圆形。半圆形的中间有一铁环，环中穿结软索。半圆形的前端，两股并出，略带弯曲，势如矛头。两股中间有一定的距离，两股之外皆有刺如锯，锯齿向后。股端各向外弯转成钩。钩头的尖端异常锐利，内外都有锯齿若干。通体呈扁平形状。半圆形的地方是扁平的，无刺、无刃，用以手握。软索前端结于环内，后端有套腕，形似龙须。故称龙须钩。

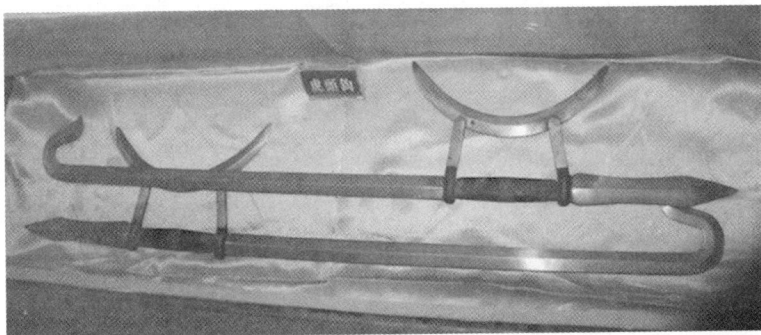

图 3-18　虎头钩

据考，龙须钩出现在宋真宗时期。辽人作乱，谋袭澶州。将领陈某，单骑闯敌营，杀死数百人。辽兵溃不成军，主将落荒而逃。陈某紧追不舍，等到靠近时，猛地甩出龙须钩，一下子打中了对方的肩膀，便将其拽下马来，生擒而归。

可见，龙须钩最重要的用法是拦袭和抽拽。即使不中，其力度、锯齿和钩刃也会伤及对方，特别是肩部。使用时必须要快，否则敌方稍有喘息，就会砍断软索。其锯齿和钩刃，好似锋利的牙齿。

但是，龙须钩有一个弱点：用不好的话，容易自伤。所谓"用不好"和"自伤"，在前文阐述双节棍和三节棍的时候，已经做了解释，这里不再重复。

## （三）机射类暗器

机射类暗器有袖箭、弹弓、紧背花装弩、踏弩、雷公钻等。其中，以袖箭和弹弓为常见。

### 1. 袖箭

袖箭（见图 3-19）有单筒袖箭和梅花袖箭两种。这两种袖箭都是将箭筒缚于小臂处，筒的前端贴近手腕，用衣袖遮盖。箭筒内有弹簧，筒上装有机关，一按机关，筒内小箭即向前射出。

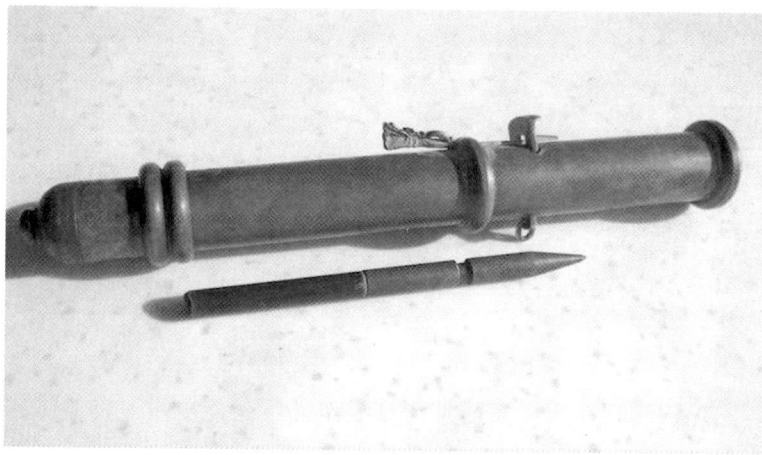

图 3-19　袖箭

单筒袖箭每次只能装入一支箭，射出后必须再装箭。相传，单筒袖箭为北宋云阳（今属四川省）白鹤宫霞鹤道人所创。清末民初，山东泰安徐石荪精于此技，人称"小养由基"。徐石荪先向空中射出一箭，旋即装箭再射，第二支箭正好击中第一支箭的箭镞，第三支箭又击中第二支箭的箭镞。连发五箭，箭箭如此，人称"对口箭"。

梅花袖箭一次可装入六支小箭，正中一箭，周围五箭，排列成梅花状，可连续发射。袖箭的箭杆用细竹削成，长约 20 厘米，前端装铁质箭头。单筒袖箭的箭筒长约 24 厘米，直径约 2.4 厘米，用铜铁铸成，筒顶有孔，为装箭处。筒前开孔，为箭射出处。梅花袖箭的箭筒稍粗，直径约 3.5 厘米，长度大约 24 厘米。筒内装有六个小管，每个管里可装一支箭。

袖箭用机括发射，操作简易，精准度高，力道又猛，而且极难防范。换言之，袖箭是更灵活轻便、掩饰性更强、精准度更高的箭。

### 2. 弹弓

弹弓不仅是玩具，也是暗器当中的一种。通常，弓杆以竹制，内衬牛角，外附牛筋。弓弦用丝、鹿脊筋丝、人发杂丝制成。

用于发射的弹丸一般有三种，不同弹丸（代表愤怒情绪的积压程度不同）的攻击力和伤害性不同。泥丸，用黏土和胶捣匀，搓成圆球形而成；槐砂丸，用洋槐子粉、砖面、细铁砂等混合制成；金属丸，以铜、铁或铅铸成。

弹弓的用法与弓箭相仿。这意味着"弹弓"与"弓箭"的心理动作相似，只是"弹弓"更简易，心理距离更近，所需心理力度也弱于"弓箭"。据载，弹弓发射弹丸有很多架式，如单凤朝阳式、野马上槽式、天鹅下蛋式、滴水垂崖式、拨草寻蛇式、双飞雁式、怀中抱月式等。

无论发射哪种弹丸，使用何种架式，只要是在近距离内使用，其破坏性和杀伤力虽不及匕首和手枪，稍加用力也能伤人。

# 第四章

# 常见的现代武器意象的象征意义
## ——现代武器意象在潜意识层面的内涵、功能与运用

现代武器指火器，是用火力杀伤人或用火力发射的武器。现代武器大量使用各种金属材料，火药也非纯天然，而为人类所造。在象征意义上，现代武器比古代冷兵器更加理性，情感凝固程度更高，破坏范围更广，也更具杀伤力。

仅从军事的角度而言，现代武器的分类有很多。比如，按照杀伤程度，现代武器可以分为大规模杀伤武器和常规武器；按照兵种，现代武器可以分为陆军武器、海军武器、空军武器和战略导弹武器；根据性能，现代武器可以分为战略武器，灰色武器（指介于核武器与非核武器之间、战略武器与战术武器之间的武器）和战术武器；根据大众习惯，现代武器则可分为枪械、火炮、装甲车辆、飞机、核武器等多种。

根据多年来"挑武器"意象对话技术应用的临床数据，这里列出较为常见的现代武器意象类别，以作分享，而不再细分。

## 一、 枪

在讲"枪"之前，先谈谈现代武器所涉及的弹药问题。

在军事领域，子弹、火药、炮弹等在一定程度上决定着其杀伤力和攻击规模，在心理层面则代表消极情绪（特别是愤怒情绪）的积压程度。因此，进行"挑武器"意象对话时，遇到现代武器意象，心理咨询师总是要询问弹药方面的具体

情况。例如，"火箭筒里有火药吗？""战斗机里装炮弹了吗？""你的手枪里现在有子弹吗？大概有多少子弹？子弹是在枪膛里，还是放在其他地方？"

借此，简要梳理弹药方面的几种常见情况。

第一种情况，在意象中，弹药与武器分离。

这种情境代表心理防御机制中的"隔离"或"合理化"。隔离是指在潜意识里把"事"与"情"分隔开来，"事"可道与人听，却将由此引发的不舒服的"情"藏在心底。惯于使用隔离机制的人，就像是心里砌了一堵墙，讲述自己所经历的一件不愉快的事的时候，表现得很理性，也很冷静、平淡，仿佛是在讲别人的故事，完全听不到他/她自己的真情实感。即使他/她嘴里说着"我很痛苦"，倾听者也很难观察到痛苦的表情。

进一步来讲，"事"如空枪，"情"似装在弹匣或箱子里、藏于他处的弹药。二者相隔的距离越远，弹药所在的位置越隐蔽，代表隔离机制的使用强度越大，消极情绪的压抑程度越重。

合理化通常成为隔离机制的配套使用机制，是指个体无意识地使用似乎合理的解释为自己难以接受的情感、行为、动机等进行辩护，以掩饰自己的过失或挫败，缓解焦虑，维护自尊。简单地说，合理化就是下意识地制造"合理"并非真实的理由。最典型的例子就是"酸葡萄心理"（丑化失败的动机）和"甜柠檬心理"（美化被满足的动机）。

善于合理化的人，在不开心的时候讲出来的话，不但不会直接指向对方，听上去还非常有道理。比如，面对一个惹自己生气的人，"合理化"的当事人会面色平静甚或微笑地说："金无足赤，人无完人……如果不是我有错，你不会这么对我的。我一定是做错了什么。"貌似合理，却非引发当事人不开心的真正原因。

当然，隔离与合理化的前提是压抑（repression）。所有的心理防御机制都含有压抑的成分，尤其是不成熟型防御机制和中间型防御机制，但是，压抑又不失为一种相对独立的心理防御机制。

压抑是指个体把意识中对立的，或者不能接受的冲动、欲望、想法、情感或痛苦经历，不知不觉地压制到潜意识中去，以至于当事人不能觉察或回忆，以避免痛苦体验。这些与意识层面（包括道德原则、道德规范、信条等）冲突的心理能量，由于不被意识接受而无法进入意识层面活动，但是，它们仍然在潜意识层面活跃着，沸腾着，只不过是不被意识觉察而已。

第二种情况，在意象中，没装弹药。

"没装弹药"不能简单地理解为没有愤怒。这个意象的心理成因有两个：一是愤怒情绪压抑较少，尚未"攒"出弹药；二是出于心理防御，潜意识里不敢面对或承认已经"攒"出了弹药，所以在意象中看不到弹药，或者说，弹药意象由于不被接纳而不敢浮现。

不管是哪种心理成因，所谓"没装弹药"，确切地说，是指"未见弹药"。换言之，"没装"或"没有"弹药，代表"尚未积累出"或"尚不敢面对"愤怒情绪。

第三种情况，在意象中，弹药有变式。

譬如，手枪是一把水枪，里面有水；步枪喷出来的是火焰；机关枪里装的是虫子；大炮发射出去的是一堆匕首……形式上虽有变化，"弹药"的基本特性却是不变的，只是具有不同程度的杀伤力和破坏性而已。

同时，还要结合这些特殊弹药意象原本的象征意义进行解读。例如，"水"象征生命力和情感的滋养、繁殖/成长/创造、女性/女性倾向/母亲，有些情境下（指意象里还有其他的"性"象征物）可以代表"性"；"火"可以是怒火，也可以是妒火；"虫子"是象征自卑的动物意象，不同的虫子各有差异——毒虫代表怨恨，肉虫代表混日子，吸血虫代表情感被剥夺，蛐蛐等斗虫代表拼命（针对自卑感），蚂蚁等工作虫代表卑微感和勤奋，壳虫代表理性化、情感淡漠、把自己幻想成穿甲衣的武士等。

为了深入了解变式弹药意象的具体性能及其威力，心理咨询师需要询问这方面的细节，但始终不忘"挑武器"的初衷——引导来访者将注意力放在自我觉察上，尽可能用语言表达内心，带着自知去释放心中积压的愤怒以及愤怒背后的其他感受，将消极能量自然地转化为积极能量。

## （一）手枪

手枪属于近距离射击武器。如前所述，"近距离"代表易伤及亲近关系，也容易受到亲近关系的伤害。

临床数据显示，在现代武器意象中，性格比较追求完美的来访者大多喜欢选择"手枪"，并在想象中不装子弹或枪膛内的子弹数量非常少。

意象中只装有一颗或两颗子弹的，每当问及"如何分配子弹"时，得到的回答竟是惊人的相似："这颗子弹是留给我自己的。""他/她（常指配偶）要是把我惹急了，我就先杀了他/她，然后自杀。""大不了不过了……"

这进一步印证了手枪意象象征亲近关系里的攻击性，或者向内自我攻击（如躯体化、生闷气、自我惩罚、心生绝望或无助等）。

现在，再回到手枪意象上来。手枪的基本象征意义有以下几方面。

第一，性格干练、果断。更确切地说，以"手枪"为主导人格的人，性格干练、果断，做事看重结果，追求效率，不拖泥带水。

第二，象征指向亲近关系的攻击性，或者向内自我攻击。意思是说，情绪更不容易受到社会层面人际关系的影响，而容易受到亲近关系的影响，诸如亲密关系、亲子关系、亲戚关系或朋友关系。

不论真正引发自己不开心的人是谁，"手枪"总是在亲近关系里表达不开心，特别是亲密关系（狭义指夫妻关系）。这是因为人在内心深处非常清楚将不开心的情绪发泄在谁的身上更安全。这种情况多是使用了"转移"（displacement）机制——把原本对某些对象的情感、欲望或态度下意识地转到一个较安全、较为大家所接受的对象身上，以缓解内心的焦虑。具体来说，替代性对象/目标的转移，也可以是替代性方法的转移或情绪的转移。

第三，针对性强，对于现实关系的破坏性较高。由于是近距离射杀，易瞄准（针对某个具体的人），所以毙命性高——一旦扣动扳机（"扳机"可用来代表心理底线，宛如情绪的开关），表达愤怒情绪，易伤害彼此情感，甚至直接破坏亲近关系。

第四，无声手枪象征更高的隐秘性和压抑感。在现实层面，无声手枪是利用枪管外加装的消音装置，而使弹头的初速变慢，低于音速，避免子弹飞行时的呼叫声，在一定的距离之外就听不到枪声了。

在心理层面，无声手枪仿佛一个沉默的杀手，比一般的手枪意象更善于/惯于压抑消极情绪。弹头初速降低，导致有效射程变短，意味着一旦释放消极情绪，易伤及最亲近的人，如家里人。

以上所述是手枪意象的共性意义。临床操作时，有些来访者在选择了手枪意象之后，会强调某一种具体的品牌。这就需要心理咨询师通过日常积累认真体会意象细节，从而了解不同品牌的手枪意象的象征意义，重点关注其具体功能（即心理功能）和使用方式（即心理动作）。

这里以左轮手枪和驳壳枪为例。

从枪械历史发展来看，左轮手枪是最早的现代手枪，更规范的叫法应为"转轮手枪"或"转轮枪"。可靠（子弹即使卡壳，也可迅速进行到下一步）和威力大是左轮手枪的典型特征。

在很多人的印象中，左轮手枪似乎总是和刺杀联系在一起。1881 年 7 月 2 日，美国总统加菲尔德遇刺；1901 年 9 月 6 日，美国总统麦金莱遇刺；1995 年

11 月 4 日，以色列总理拉宾遇刺。在这几起刺杀事件中，刺客使用的都是左轮手枪。为什么刺客都喜欢左轮手枪呢？答案似乎很简单，因为直到今天，左轮手枪仍然是世界上最可靠的手枪。

因而，就其象征意义来说，与一般的手枪意象相比，左轮手枪意象更强调行动快速和应变能力强。

左轮手枪优势突出，缺陷也很明显：装填速度慢。于是，能够自动装填子弹的半自动手枪诞生了。1896 年，德国毛瑟公司生产了半自动手枪。这就是著名的毛瑟手枪，也就是大名鼎鼎的驳壳枪，正式名称为"毛瑟军用手枪"。

与左轮手枪不同，驳壳枪更代表一种文化情结——中国人对驳壳枪情有独钟。从北伐战争到抗日战争、解放战争，驳壳枪几乎见证了现代中国革命的全部历程。打响南昌起义第一枪的部队总指挥朱德用的就是一支驳壳枪。当年，有不少中国军人携带两把或两把以上驳壳枪。一支带木制枪套，枪套通常是个木头盒子，这个盒子除了装枪还有其他的用处，可以安在枪把上作为一个枪托，以提高射击精准度；将另一支的准星磨平，插在腰间，便于拔枪射击。杨靖宇将军殉国时，身上带着三把驳壳枪。

驳壳枪的显著缺点之一是枪口上跳直接影响射击的精准度。聪慧的中国军人却想出了一个十分简便的方法，不仅解决了这个难题，还将其转化为全自动速射的扫射优势：使用者右手持握驳壳枪，将枪机扳至速射档，手心向上举枪，伸向左前方，扣动扳机，利用枪口的上跳作用使驳壳枪从枪手左前方扫射至右前方；手心向下举枪时，从右前方扫射至左前方；左手持枪时完全相反——真乃化腐朽为神奇的智慧之举！

所以，"驳壳枪"不仅象征心理威力大，行动迅速，在中国人的集体潜意识里，还代表一种智慧——"积极转化"的睿智。

## （二）狙击枪

作为远距离射杀敌方的利器，在冷兵器时代，排在首位的无疑是弓箭。明朝人茅元仪在《武备志》中说："弓者，器之首也。故言武事者，首曰弓矢。"而在现代的热兵器时代，轻武器家族中最有效率的，自然是枪。其中，狙击枪来无影，去无踪，却能毙敌于千米之外，可谓"枪中之王"（见图4-1）。

图 4-1　狙击枪

狙击枪是精准度和毙命性非常高的一种精密型步枪。"精准度"代表针对性和指向性，"毙命性"代表伤害性和破坏力。

其射程亦非普通步枪所能及。狙击枪能够在保证高精准度的情况下，比一般的步枪射击得更高和更远，所以，常常在军事冲突、反恐斗争和人质解救等现实行动中立下奇功。

狙击枪心理品质的特点可以概括为"秒杀"二字。我们可以从一些现实资料中感受一下。

2002年，在美军阿富汗的巨蟒行动中，一个加拿大狙击手使用 TAC-50 狙击枪在 2430 米远的地方成功击毙了一名塔利班成员，一举创下了当时最远狙击距离的世界纪录。殊不知，普通士兵在练习射击的时候，多在 100 米的靶位上进行，就算在 100 米的距离上，要想用普通步枪打出 5 个 10 环，也是很不容易的。2430 米相当于 24 个足球场连在一起，子弹需要飞行将近 4 秒的时间。

令人惊异的是，这个"最远狙杀"的世界纪录并未达到极限。2009 年 11 月，一名英国狙击手利用狙击枪在 2475 米的距离上精准"秒杀"了两名阿富汗塔利班武装分子，解救出一名深陷重围的英军指挥官，刷新了此前的世界纪录。

为了更好地理解狙击枪，不得不讲讲狙击手。毕竟，狙击手比一般的枪手要求更高。"战场上的幽灵""冷面杀手""白色死神"……这些听起来令人毛骨悚然的形容词都是用来描述狙击手的。

一名优秀的狙击手除了要有好的枪法之外，还应该具备"狼"一样的性格特点（动物意象以其行为模式象征人的性格特点）。

**1. 颇具耐受力、 稳定性和坚韧度**

这种过硬的心理素质能够保障其行动的有效性。换言之，在现实的人际关系中，酷似"狙击手"的人即便受了委屈，心怀愤怒或不满，也不会轻易地外露情绪，或向对方表达，而是能够顶住压力，扛住挫折，并因此让自己变得更有韧劲儿——不抛弃，不放弃。盯住目标，一边忍耐，一边积蓄心理力量。

**2. 善于在隐蔽处等待**

性格不张扬，甚至较少言语，但自信、勇敢、坚定、富有探索精神的本性会使其保持头脑清醒，以精准把握射击时机——释放情绪或表达自己的时机，不会贸然行动，更不会冲动行事。

**3. 敏锐的洞察力**

军事意义上的"狙击手"在执行任务时，需要高度集中注意力，采集数据，精确计算，如目标的距离、风向、风力、风速、温度、湿度等，据此进行适当的射击修正。在象征层面，这些心理动作的意义就是敏锐的洞察力——深入分析事物或问题的能力。在人际交往中，能够对认知、情感、行为的动机以及相互关系，进行较为深刻、透彻的分析。

### 4. 冷静、理智

逻辑思维能力和自我控制能力较强，不冲动，不会轻易破坏人际关系。当然，"狙击手"一旦决定出击，就意味着决定"翻脸"了，对现实人际关系的破坏会比较大。

### 5. 善于掩饰或压抑自己

在对方触及自己的心理底线或道德底线之前，"狙击手"会运用各种心理防御机制和应对方式保护自己。

## （三）机关枪

冲锋枪、AK-47等能够连射多发子弹的长枪（与手枪相比）均在机关枪意象之列。

### 1. 一般意义上的机关枪

机关枪能够多发子弹连射，不仅代表愤怒情绪较为强烈，或者容易生气、容易冲动，还意味着发起脾气来，不管不顾，"突突突"地横扫一片，易伤及无辜。在现实层面，由于情绪的自控能力较弱，容易破坏人际关系，但自身常感到委屈，认为别人不理解自己。

一般情况下，以"机关枪"为主导人格的人，在人际交往过程中，大量使用投射（前文已有论述）和见诸行动（acting-out）两种心理防御机制。

见诸行动是无意识欲望的直接表现，其目的是避免认识到所伴随的情感，如冲动的行为。例如，一不高兴就摔东西，而且不管贵贱，手边有什么就摔什么，不计后果。

从现实操作的角度来说，机关枪的操作难度小，不需要任何技巧，是枪械中最简单粗暴的一种。这其实也是一种性格的体现：简单、直接。在表达情绪方面，既不压抑自己当下的情绪，也很少顾及场合或他人的感受。所以，当一个人心有不快，下意识地使用见诸行动这一防御机制时，行动往往具有冲动性。由于具有较强的心理能量（火力强大、载弹量大、射速快、持续射击能力强），即使冲动性的行为带来什么不好的后果，来访者一般也不会立即承认自己做错了什么，甚至还会表现得有些执拗。

就射击方式而言，机关枪有两种典型的射击方式。

一是扫射。端起机枪"突突突"地一阵猛扫——准不准，不知道，先爽了再说（这也是"机枪式"的人一个明显的性格特点）。

二是点射。对准一个目标，连续射击，这显然增加了精准度。当然，毙命性也随之大大增强。在处理人际关系问题时，"扫射"易伤及无辜，"点射"则易直接破坏情感或关系。

为此，在"挑武器"意象对话中，选择"机关枪"的人应该有意识地增强理智，懂得有针对性的表达，表达时尽力做到"非暴力"。例如，在表达自己的感受时，也顾及对方的感受。

**2. 冲锋枪**

按照《兵器工业科学技术词典——轻武器》里的定义，冲锋枪是"单兵双手握持发射手枪弹的轻型全自动枪"，曾被称作"手提机关枪"，又叫短机枪/短机关枪（见图 4-2）。

它是介于手枪和机枪之间的武器，比步枪短小轻便，便于突然开火——象征在对方毫无防备的情况下，突然表达愤怒情绪；射速高，火力猛，适于近战——象征较近人际距离之间的冲突；适于冲锋——象征勇往直前，却也不计后果的情

图 4-2　冲锋枪

绪表达（因而得名冲锋枪）。

## 3. AK-47

"AK"的意思是"自动步枪"（Автомат Калашникова）的首写字母缩写，"47"意为 1947 年生产，是苏联的第一代突击步枪。枪身短小，射程较短，适于近距离作战（见图 4-3）。

AK-47 的射击精准度有一定的缺陷：瞄准具的设计不够理想（人际针对性不强），并且后坐力较大（自控力较弱，心理反作用力较大，有时会伤及自身）。从军事上讲，300 米以外便难以准确射击，连发射击的精准度会更低。

这意味着，在"挑武器"意象对话中选择 AK-47 的人，在处理社会层面的人际冲突，或心理距离较远的人际冲突时，缺乏针对性，有时，虽然比较畅快地宣泄了当下的消极感受，但自己的内心也很受伤。

心理学研究发现，所有的人际冲突都源于个体内心的某种矛盾或冲突。也就是说，外在的人际冲突不过是我们内心冲突的一种投射。不管是远距离

图 4-3　AK-47

的人际关系，还是近距离的亲近关系，当出现沟通不畅或矛盾冲突的情况时，我们首先要反求诸己，通过有意识的反观和觉知，让自己先变得更健康、更清醒。

# 二、　火炮

火炮，即炮，是指口径在 2 厘米以上，能发射炮弹的重型射击武器。所谓"重型"，代表其心理能量超过"枪"，同时，心理自由度不如"枪"灵活。除此之外，性格直爽也是所有炮意象共同的心理象征意义。

炮的种类很多，有迫击炮、榴弹炮、加农炮、高射炮等。我国古代的炮最早是用机械发射石头的。火药发明后，改为用火药发射铁弹丸。在"挑武器"时，像其他现代武器意象一样，引导者需要关注想象者所选择的炮的具体种类、安置何处、是否装有弹药、有无其他强调的细节等。

现将临床上常见的几种炮类意象及其心理意义介绍如下。

## （一）大炮

大炮历史悠久，属于重型攻击武器。早在 1914 年，俄国就制造出了世界上第一门安装在卡车底盘上的 76 毫米自行高射炮。真正意义上的第一门自行火炮诞生于 1917 年的法国。在第一次世界大战中，坦克诞生。此后不久，法国人为了让笨重的牵引式火炮具有更好的机动性，能够在各种地形条件下迅速转移，在一辆履带坦克底盘上安装了一门野战炮，从此，大炮具备了机动越野性能。大炮的主要象征意义有以下几方面。

第一，情绪宣泄波及范围广，容易对社会层面、较远的人际距离产生影响。

第二，由于波及范围广、情绪能量大、初速快，一旦宣泄，对于现实的人际关系的破坏性较大，即所谓"杀伤面积大"。

第三，上述两个特点引发了第三个特点：不可控性高——直来直去、口不择言、向外攻击性强等心理特征导致情绪宣泄极易伤及无辜，而且对于所造成的现实后果很难收场。换言之，性格如"炮"的人，当有消极情绪时，在公开场合的发言好似"炮轰"，容易被人误解，也容易产生消极反应。

第四，军事意义上的大炮，穿甲效力强。"穿甲"是指弹体和靶体的撞击所产生的侵入和击穿现象。穿甲效力强意味着以下几层意思：一是耿直、倔强、有毅力；二是人际冲击力强；三是在较短时间内，造成较严重的人际破坏。


## （二）火铳

火铳，有时亦称火筒，是中国最早的金属管形射击火器。在现实生活中，火铳能以火药发射石弹、铅弹、铁弹、钢珠等（见图 4-4 和图 4-5）。

火铳意象有两个突出特点。

一是火暴脾气。沈从文在以知识分子生活为题材的短篇小说《大小阮》里，曾用"铳"字描述小阮离校时对打更人刘老四讲的一句话："不许说我回来过，说了张少爷会一枪铳了你。"这句话说得很"冲"（此处音同"铳"）——心理力量较大，有

图 4-4　火铳(中国北洋官造)

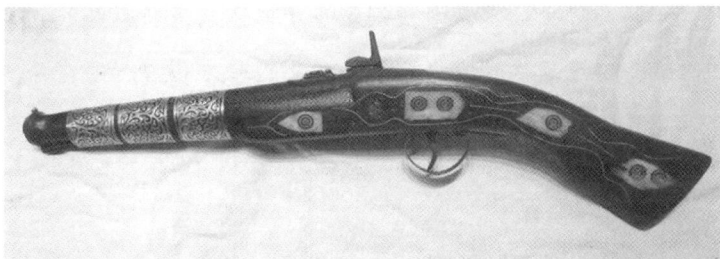

图 4-5　火铳(法国制造)

刺激性。想来这位张少爷也应该是个火暴脾气。

　　二是不可控性。火铳以发射散弹为主，无论是何种材质的散弹，只要发射出去，火力就无法控制。所以，在有效距离之内具有不小的威力。这表明，"火铳"在较近的人际关系里宣泄消极情绪时，特别是愤怒情绪，被攻击方的心理层面受伤较重，并且，受伤最重的未必是"火铳"最想指向的那个人。换句话说，"火铳"宣泄情绪时，容易造成"误伤"。

2016年8月19日，湖南省某地发生一起4岁女童被火铳击中事件，100多颗小黄豆大小的钢珠打入体内。当时，使用火铳射击的8岁男孩儿，只是想吓唬一下一起玩耍的小伙伴们。结果，铳里的钢珠子弹全部打到站在最前面的这个小女孩儿身上。她的面部、脖子、胳膊、胸腔、腹部都被击中。

### 【解析】

在这起事件中，我们不仅可以看到"火铳"的心理象征意义：火暴脾气和不可控性，还能感受到当事人——儿童的一些心理特点：简单、直接、不压抑、自控能力较弱，在同伴交往的过程中，比较依赖外部条件和偶然兴趣。小学低年级的儿童，尤其是男生，常常通过制造事端的方式来获得关注，或获得接触其他小朋友的机会。至于这种方式是否会给别人带来伤害，或者给自己带来不必要的麻烦，儿童很难意识到。这与他们的心智发育进程及其特点有关。

## （三）掷弹筒

掷弹筒，也叫超轻型迫击炮（见图4-6）。其攻击范围介于手雷和火箭筒之间。

掷弹筒的主要特点及其象征意义有以下几方面。

第一，心理隐蔽性高。在实际操作中，掷弹筒的优势是射角大，弹道弯曲，在较近距离内可控制杀伤力，能够用来杀伤躲藏在工事（是指保障军队发扬火力和隐蔽安全的建筑物，如地堡、堑壕、交通壕等）和隐蔽物后的敌人。使用者可以隐蔽在障碍物的后面进行发射——以"掷弹筒"为主导人格的人，善于压抑和隐蔽自己，也可以在对方毫无察觉的情况下，突然发飙。

图 4-6　掷弹筒

第二，具有一定的心理灵活度。掷弹筒可单兵使用，且操作简单，便于移动。或者说，在"挑武器"意象体验中，选择掷弹筒的人，比选择大炮和火铳的人，具有更多的灵活性。

第三，心理健康水平较低。此象征意义涉及另一种非常重要的武器意象——化学武器。如果来访者在意象里使用掷弹筒发射化学武器，则代表该来访者情绪压抑严重，甚至已经积淀成某种严重的心理疾病。

化学武器素有"无声杀手"之称，通过爆炸的方式（如炸弹、炮弹或导弹）释放有毒化学品，通过造成窒息、神经损伤、血中毒、起水疱等令人恐怖的躯体反应产生杀伤力。随风传播和扩散的特点，使其杀伤范围比常规武器大很多倍。

在人类的潜意识里，"毒"和"鬼"属于同一类意象，都象征强烈的情绪压抑，或某种严重的心理疾病，不同的"毒"和"鬼"象征不同的心理疾病。因此，在梦境或意象想象过程中，无论是单独出现化学武器形象，还是与其他事物组合出现，均代表较低的心理健康水平。

世人皆知，日军在第二次世界大战中曾经大量使用化学武器。在 1937 年的淞沪会战中，日军首次使用掷弹筒发射催泪性气体或喷嚏性（呕吐性）气体，致使许多中国士兵失去意志和战斗力。

化学武器的破坏性和不可控性不可小觑。正因如此，1993 年 1 月 13 日，《关于禁止发展、生产、储存和使用化学武器及销毁此种武器的公约》（或称《化学武器公约》，简称《化武公约》）在巴黎的一个仪式上开放签署，两天之内就有 130 个国家签署。《化武公约》于 1997 年 4 月生效。到 2003 年 7 月，此项公约已有 153 个缔约国，并且，有了一个履约组织——禁止化学武器组织。

希望我们都还记得，日内瓦裁军谈判会议曾经就此公约进行了将近 20 年的谈判。当时，各国参加谈判旨在谋求达成一项国际公约，禁止化学武器，并确保在全球范围内消除这种可怕的武器。

## （四）火箭筒

火箭筒是一种发射火箭弹的便携式反坦克武器（见图 4-7）。心理能量显然高于火铳和掷弹筒。

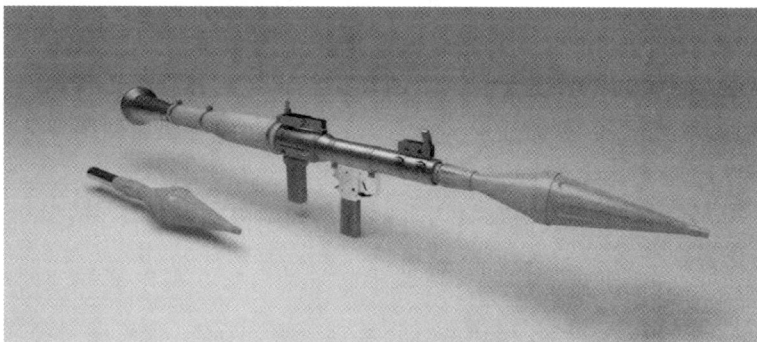

图 4-7　火箭筒

火箭筒的象征意义有以下几方面。

其一，具有一定的心理灵活度。源于火箭筒质量小，便于单兵携带，既能巷战，也能在碉堡、掩体及野战工事里使用。

其二，人际针对性强。在现实操作中，火箭筒的射击精准度较高，主要发射火箭破甲弹，还可以发射火箭榴弹以及其他火箭弹，用于近距离打击坦克、装甲车辆、步兵战车、装甲人员运输车、军事器材，或摧毁工事等。

其三，人际破坏力高。就象征意义而言，坦克、装甲车辆等都代表较强的心理防御性，而火箭筒的射速快，火力猛，杀伤力非常大，能够直接破坏，甚至摧毁这些防御性高的象征物，因此具有"人际破坏力高"的心理意义。

其四，易"责任外归因"。责任外归因是一种心理防御机制。以火箭筒为主导人格的人，在解释情绪或行为、结果的时候，倾向于把原因归结为外部环境因素或他人因素，缺乏必要的自我反思。这是因为火箭筒无后坐力——宣泄情绪的过程中，或宣泄之后，当事人并没有什么不舒服的感觉——心理能量都是投向外部的。

## （五）暗器炮

暗器炮以袖炮使用最广（见图 4-8）。

袖炮是一种混用火药的特殊暗器。它由古代的前膛火炮演变而来，实际上是一种小型前膛火器，因其细小，故名"袖炮"。袖炮用一根酒盅粗细的竹管制成，长约 40 厘米，竹管外加三道铁箍。竹管一端为炮口，周边包以薄铁皮；竹管另一端为药凹，也套以薄铁皮。先将火药填入竹管，务要匀实，再将石珠（黄泥珠也可）填入。使用时，左手持竹管，用右掌猛击药凹部，引发火药爆炸，石珠即疾射而出，有较大杀伤力。清末民初时，护院们常使用袖炮，镖局中也有人用。

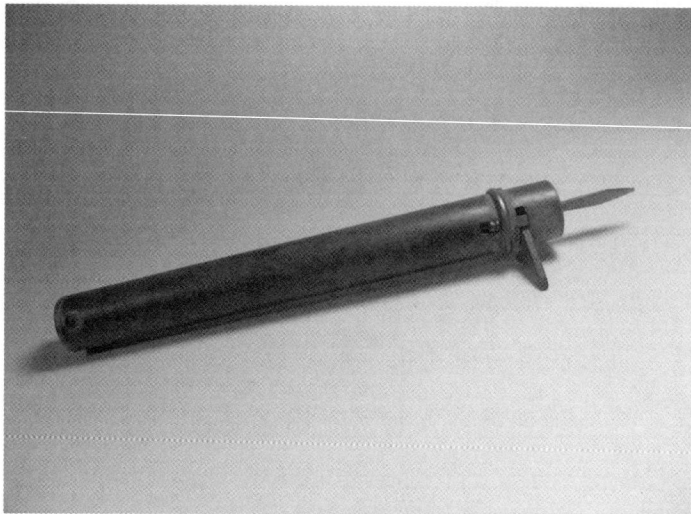

图 4-8　袖炮

## （六）与炮有关的微观意象

有些来访者在选择炮意象的过程中，会提到一些特殊细节，这些细节可被视为微观意象进行解读。

例如，有的来访者在描述炮意象时，会直接说："我就是个炮筒子"（确实很直接），或者"我感觉自己就是那个炮筒子"。"炮筒子"原指火炮设计时炮弹穿过的圆筒状装置，借此比喻可以象征来访者性情急躁、心直口快或喜欢发表议论。有时使用"抱怨"这一防御机制。

又如，有的来访者在想象中看到的炮弹是"糖衣炮弹"。在汉语里，糖衣炮弹简称糖弹，比喻腐蚀、拉拢，拖人下水的手段。但是，这似乎与"挑武器"意象无关。为此，心理咨询师需要耐心询问："糖衣炮弹是什么材料做成的？""这些糖衣炮弹如何使用？""如果你感到危险，需要用糖衣炮弹来保护自己，它们能发挥怎样的功效？"——充分遵循个性化原则。

再如，有的来访者会告诉心理咨询师，"我的炮里，装的不是炮弹，而是炮灰……""炮灰"一词本是比喻参加非正义战争去送命的士兵。炮灰意象往往负载着来访者压抑已久或压抑较深的某种消极情绪，比较常见的是悲伤、无助和无奈。

遇到炮灰意象，心理咨询师最好陪伴来访者体会一下当下的感受，然后，引导他/她把这种感觉用语言表达出来——带着自知去释放消极感受，以使消极的心理能量有机会自然地转化为积极的心理能量。

如果来访者不善于用语言表达感受，或者不知道怎么去表达情绪感受，心理咨询师可以尝试运用"情绪的躯体感受"进行切入，先引导来访者仔细察觉这个过程中的身体反应，然后，再顺势导入情绪的具体变化过程。引导来访者体验的要点如下。

①身体最先有感觉或有反应的具体部位在哪儿？譬如，头、脖子、胸部、胃部、腹部等。

②这个部位的感觉或反应是什么？

③当身体的这个部位有这种感觉时，感受是怎样的？

这种引导方法有两个好处：一是利于来访者表达，很多人不善于表达内在感受，却比较容易说清楚自己身体的感觉，而内在感受是以身体为载体的；二是借由身体的感受引出情绪感受，有助于发现来访者在应对情绪过程中惯用的心理防御方式，并可由此探索这些防御方式对其身体是否造成了影响，以及造成了什么样的影响。

# 三、 爆炸物

这里的"爆炸物"是指填充有爆炸性物质，能引起爆炸现象的武器意象。根据其心理威力的大小和人际破坏程度，爆炸物意象姑且分为"常规爆炸物"和"导弹类"两类。

## （一）常规爆炸物

雷管、地雷、炸药包、黑火药、手榴弹等属于常规爆炸物。就象征意义而言，一般具有以下特点。

其一，危险性高。这是因为内部的愤怒情绪积压程度较高，一旦"引爆"，伤害范围较广，易伤及无辜，且不可控。

其二，具有一定的不可预知性。有些爆炸物，仅从外表不易判断里面装的是什么物质。比如，粉尘、燃油、可燃气体、锯末等物质在特定条件下都能引起爆炸。这种不可预知性增加了情绪爆发的危险性和对方的恐惧感。

其三，怕"高温"，怕"震动"，怕"火花"。实际上，这是一种心理防御状态，也反映出一种性格特点：对外在的刺激十分敏感，耐受性低，应激性高。以"常规爆炸物"为主导人格的人仿佛持续处于一种紧张状态，稍有刺激，就会"炸"——情绪爆发。

在"挑武器"意象中，选择常规爆炸物（特别是炸药包、地雷和各种恐怖爆炸物）的来访者，表明当下的情绪积压程度比较高，似乎已经到了情绪大爆发的边缘状态，一触即发。而意象对话的操作原则之一是避免在意象里杀人毁物，因此，心理咨询师要保持高度的注意力和警觉性，及时共情，引导来访者用语言的方式，带着自知表达内在感受，同时，还要引导他们仔细分辨该爆炸物意象里，除了最先释放的情绪之外，是否还有其他的消极情绪。然后，本着"接纳"和"面对"的态度，运用意象对话的相关技术（如曹昱的"分层共情法"和"情绪命名法"，邱祥建的"寻找炸药包"等，具体操作详见《意象对话临床技术汇总》2013年版），逐一地进行疗愈。

下面，仅从使用方式的象征意义，把常规爆炸物意象进行简单分类。

**1. 相对固定爆炸物**

以炸药包为例。

炸药包能在极短时间内剧烈燃烧或爆炸，它是在一定的外界能量作用下，由自身能量发生爆炸的物质。其化学性质和物理性质都比较稳定，无论所处环境是否密封，炸药量有多少，甚至在外界零供氧的情况下，只要有较强的能量激发（起爆药所提供），炸药包就会产生稳定的爆炸功能。这意味着，一个人的潜意识里一旦有了"炸药包"，就说明消极情绪已经积压到了比较严重的程度，若不及时、有效地干预，迟早都会"爆炸"——而这种缺乏自知和自控的情绪宣泄伤己又伤人，很容易破坏现实层面的情感关系和人际交往。

一般情况下，炸药包需要安放在一个相对固定的位置。但是，在特殊情况下，也可以通过某种抛射器（如汽油桶等）实施爆炸。位置相对固定意味着定点爆炸。在这里，"定点"一词不仅是军事使用方式的表达，更是一种象征性的表达（symbolic representation），其心理象征意义有两个。

一是心理能量固着或固结，即行为方式发展的停滞或反应方式的刻板化。我们常说生命如河，以此为喻，所谓固着或固结，就像是一个人生命的河流淌到某一刻或某一点时（往往是在婴儿期或童年期），心理能量停顿了一下，随即有一部分能量滞留在那一刻或那一点，不再随着"大部队"往前走了。慢慢长大以后，这个人的某种习得行为无法随着生理年龄的增长而渐趋成熟，也可能表现为不能根据当下的情境灵活地调整自己的行为，缺乏相应的适应性和灵活性，甚至影响当下行为的效率。

二是具有一定的针对性。这种针对性与"手枪""匕首"之类杀伤力高的近距离武器（意象）相比，更缺乏原发情绪的针对性。意思是说，由于炸药包具有更强的滞留性和压抑性，所以，真正引发来访者内心愤怒或不快的，往往并非长大之后当下引起他/她不开心的那个人或那个情境（虽然两者必定具有某种相似性，否则难以激发相同的消极感受）。然而，来访者会误以为，"就是那个人惹得我""在那个情境下，我就是不开心"。

心理咨询师在引导来访者进行"挑武器"意象对话时，需要仔细甄辨，帮助其"追根溯源"——还原情绪，还原责任，还原心理真相——这几乎适用于所有的武器意象。

### 2. 掩埋类爆炸物

以地雷为例。

与其他使用方式的常规爆炸物相比，地雷具有更高的隐蔽性。所谓隐蔽性，就是较多使用"压抑"与"隔离"这两个心理防御机制。

"压抑"是弗洛伊德所描述的第一种心理防御机制，即主动地将痛苦的记忆、感情和冲动排斥到意识之外。"隔离"是指情感、情绪隔离，犹如一堵墙，把"事"和"情"（此事带给来访者的内在感受）分隔开来。"事"放在墙的外面，可以讲给别人听，"情"则被挡在墙的里面，别人是体会不到的，甚至来访者也体会不到。于是，当一个惯用隔离机制的人讲述一段不开心的亲身经历时，我们只能听到这件事，而感受不到他有任何的不开心，仿佛他在讲一段跟自己毫不相关的别人的故事。常与"合理化"（也叫理智化）有关联，是对与特殊思想相联系的感情的压抑。例如，明明心里很生气，却告诫自己说："算了吧，我才不跟这种人计较呢。"表面上，确实"高姿态"，心里却可能埋下"地雷"的种子。

以"地雷"为主导人格的人，外表冷静、理智，甚至胆小、羞怯，不善情感交流，不善主动表达和制造浪漫，其实内心世界很丰富，情感细腻。与人相处时，周围人也许会觉得"地雷人"有点"闷"，所以，他们容易被忽略或不被重视。这种被忽略和不被重视，可能恰恰是"地雷人"的心理创伤，倘若如此，便有可能成为日后真正引爆地雷的导火索。

无论是谁，只要一不小心"踩中"地雷——碰触了当事人的心理底线或心理创伤——情绪即刻爆发。也就是说，掩埋类爆炸物有一个突出特点：其情绪的爆发比较被动，似乎更为环境所控制，而非为当事人所控制。因而，对于"地雷人"来说，行为层面最需要学习的是，学会主动表达；心灵层面最需要化解的是，提升自我存在感，懂得自我肯定和自我鼓励。

**3. 抛射类爆炸物**

与前文讲述的冷兵器相同，凡是抛射类的武器意象，都具有人际距离较远、针对性和可控性较弱等象征意义。

(1)炸弹

一般情况下，炸弹需要被抛射。它是利用爆炸所产生的巨大冲击波、热辐射和破片造成对攻击目标的破坏。与手雷、手榴弹等人工投掷的抛射类爆炸物相比，炸弹所伤及的人际距离更远，大多发生在社会关系层面(非亲近关系)，破坏范围和伤害程度也更大，精准度较差，易伤及无辜。

2003年11月21日，美国空军向佛罗里达州的一个试验场投掷了一颗最新研制的炸弹，号称"炸弹之母"。爆炸造成了强烈的冲击波和烟云。这是当时美国武器库中威力最大的常规炸弹。试验结束后，美军埃格林空军军备中心发言人杰克·斯文森说："爆炸形成了一个充满火光的蘑菇云，越来越大……这是我见过的最可怕的景象之一。"

(2)手雷/手榴弹

手雷和手榴弹略有差异。例如，手雷无手柄(见图4-9)，手榴弹有手柄(见图4-10)；手雷为球形，手榴弹为柱形，等等。但共性更明显，都属于小型手投(也有枪投)爆炸物，携带方便，使用快捷，便于单兵近距离作战，近距离内具有较强的杀伤力和破坏力，既能伤害有生目标，也能破坏坦克和装甲车辆等。

图 4-9　手雷

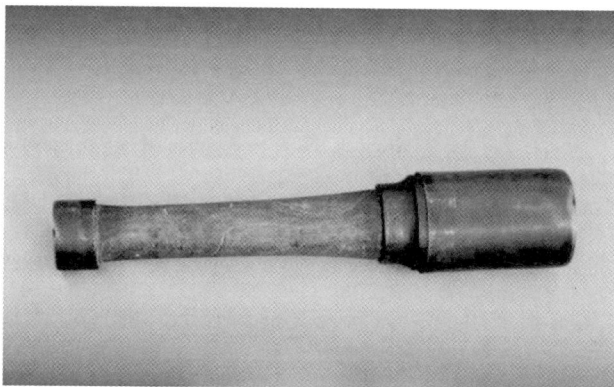

图 4-10　手榴弹

　　与炸弹相比，手雷和手榴弹的精度更高，即人际针对性更强。但是，因有破片，甚至预制破片，即使瞄准目标，精准投掷，爆炸后仍会伤及无辜。换言之，在"挑武器"意象中，选择手雷或手榴弹的来访者，意味着在现实生活中一旦情绪爆发，即使很有针对性，仍会殃及无辜。

一位妻子在家里直接对丈夫表达不满，家庭气氛的紧张会影响到孩子。根据心理动力学的临床经验，多动症儿童的潜意识里是在渴望被拒绝的父亲。具体地说，在一个家庭里，如果儿童的母亲或其他娘家人经常当着孩子的面斥责父亲，甚至蔑视他，贬低他，那么这个儿童患多动症的可能性就会增加。

请注意，这个环境因素只是增加了可能性，而非必然导致多动症。毕竟，每个人的自我康复能力是具有先天差异的。

这个环境因素的致病原因在于，当儿童需要在潜意识里认同自己的父亲（比如，儿童在童年早期，即5岁以前需要认同自己的父亲），而这位父亲不断地被贬损，形象和地位不断地被破坏，有的儿童就会下意识地选择让自己"生病"——不停地转移自己的注意力，以提高安全感，而儿童的自我抑制力非常有限，习惯了之后，就会不由自主地注意力涣散，活动过度，以及情绪冲动；同时，儿童还可以用这种方式下意识地保护自己的父亲，让父亲在家里的日子好过一点，因为儿童发现，当自己"生病"之后，母亲的注意力会被吸引到自己身上，从而减少对父亲的斥责。

## 【解析】

从武器意象的角度来说，多动症儿童的父母，往往是潜意识里惯用手榴弹或手雷的人，并且总在家里使用。或者说，在一个原生家庭里，如果总是有成年人当着孩子的面使用手榴弹或手雷式的情绪表达方式，那么这个孩子，尤其是男孩，多动的可能性就会增加。

所谓手榴弹或手雷式的情绪表达方式，是指在亲近关系里使用的、针对性较强、伤害性较大的情绪表达方式。常见的情形有两种：一种是夫妻之间，另一种是亲子之间。

大量的临床案例显示，在多动症儿童的原生家庭里，最常见也最凸显的家庭因素是，母亲习惯性地斥责父亲，或者父母中的一方或双方经常打骂孩子。在部分多动症儿童的原生家庭里，这两个因素同时存在。无论怎样，孩子都是被炸裂碎片反复波及的无辜受害者。

还有一些特殊的手榴弹，各具特色与心理功能。例如，催泪弹（见图 4-11）和烟幕弹（见图 4-12）。

图 4-11　催泪弹

图 4-12　烟幕弹

催泪弹是一种以可放出催泪气体，令人刺激流泪的化学物质制造的，可以由喷射或手榴弹形式发射。烟幕弹最基本的用处就是给对方造成视觉上的障碍。

催泪弹和烟幕弹都让人"看不清"，并且由于"看不清"而产生恐惧心理。实际上，这既是一个障眼法，用小的心理技巧控制对方，也是一种投射，发放催泪弹或烟幕弹是因为自己"看不清"（诸如，看不清自己的原发情绪，看不清对方的真实想法，看不清解决办法……）——将这种心理层面的"看不清"投射出去，至少可以获得暂时的安全感，还可以拖延解决问题的时间。

又如，眩晕手榴弹。

这种手榴弹可以发出强光或巨响，用以转移或分散对方的注意力，而非直接对人造成伤害。在军事用途上，适合转移或清除建筑物内的敌人；在心理功能上，与催泪弹和烟幕弹类似，同属于心理障眼法，用小技巧迷惑对方，在一定时间内造成障碍，以更好地控制对方。

催泪弹、烟幕弹和眩晕手榴弹的使用者，源于一个共同的心理过程：在当下情境里，知道自己的实力处于相对弱势或劣势，却又想控制住对方，从而获得一定程度或一定时间的"优越感"和"控制感"。或者说，这是一种补偿心理。

再如，照明手榴弹。

在客观现实中，照明手榴弹用于夜间作战的地形显示，还可以用作燃烧弹，点燃干草、树叶、灌木等，它能在数秒之内发出平均 50000～60000 标准烛光的强光。

借此解释一下，所谓"标准烛光"只是一个比喻，并非蜡烛的光。蜡烛离我们越远，我们看到的烛光就越暗，这时就有一个亮度与距离相对应的关系。我们可以根据所看到的亮度和蜡烛的实际亮度，计算出蜡烛与我们之间的距离。倘若这根蜡烛的旁边站着一个人，就相当于我们看到蜡烛有多亮，便能估算出他距离我们有多远。这个用来测量距离的光度所确定的烛光，被称为"标准烛光"。

照明手榴弹的心理功能与前述的几种手榴弹均不相同。它是用来照亮目标区的，以便及时观察、及时修正（如修正射击偏差）和及时监视（如监视对方的活动和部署）。它兼具"察""攻"和"守"的心理作用。"察"是短时的、直接的，"攻"和"守"都是间接的，为更好的心理防御做准备。

简言之，照明手榴弹用于暴露对方，看清对方，防御自我。

## (二)导弹类

### 1. 导弹

导弹是"导向性飞弹"的简称，于 20 世纪 40 年代开始出现，是一种依靠自身动力装置推进，由制导系统导引、控制飞行弹道，将战斗部导向并摧毁目标的精确制导武器(见图 4-13)。

图 4-13　导弹

导弹家族庞大，体格各异，结构不一，工作方式亦有差异。例如，有翼导弹作为一个整体直接攻击目标，弹道导弹则是飞行到预定高度和位置后，弹体与弹头分离，由弹头执行攻击目标的任务。导弹摧毁目标的有效载荷是战斗部(或弹头)，可为核装药、常规装药、化学战剂、生物战剂，或者电磁脉冲。其中，装普通炸药的叫常规导弹，装核弹的叫核导弹。

军事上的导弹具有射程远、速度快、精准度高、威力大等特点，其心理意义有以下几方面。

第一，不仅具有很强的实战能力，还具有心理威慑作用。导弹意象已经成为现代高科技武器的象征之一，其超强的突防能力和进攻能力令人生畏。以"导弹"为主导人格的人，在现实交往中有一种不怒自威的气质。即使他们表面上并未发火，甚至没有说话，身边的人也常常能感觉到他们的威严，大多会选择缄默不语或转身避开，以求自保。诚然，这样的互动模式会在某种程度上强化"导弹"者的优越感。

第二，心理精准度高，针对性强。现实中的导弹可以指定攻击目标，或者追踪目标动向，这意味着导弹意象具有较强的心理定位，积攒的愤怒或不满往往指向一个具体目标。面对选择"导弹"的来访者，心理咨询师需要引导其看清楚自己的心理边界和心理底线，特别是愤怒底线，忍到何时便不能再忍了，如不被尊重、不被认可、被冤枉、被蔑视、尊严被侵犯、人格被侮辱、家人被欺负等。然后，运用其心理能量大和耐受力高的优势，鼓励并指导来访者用建设性的方式表达感受，用建设性的方式应对人际冲突。目的很简单，就是让来访者减少压抑，不轻易发射"导弹"。

第三，攻击性强，方式灵活，毁伤性高。目前，军事上的导弹发射的载具的特性包括空射、面射、潜射等，攻击的目标性质包括对空、对面和对潜。与"常规爆炸物"一样，导弹意象内部的愤怒情绪积压程度较高，一旦发作，毁伤范围广，极易伤及无辜，且不可控，只是其涉及的人际距离更远，人际杀伤的威力更强，对于现实人际关系的破坏力也更强。

### 2. 核武器

这里的"核武器"是军事上狭义的核武器，是指由核战斗部与制导、突防等装置装入弹头壳体组成的核弹。核弹是能量巨大、极具破坏力、波及范围甚广的现代武器，它利用自持进行的原子核裂变或聚变反应瞬时释放巨大能量而产生爆炸反应(见图 4-14)，主要包括原子弹(裂变武器)和氢弹(聚变武器)。

图 4-14　原子弹爆炸

在"挑武器"意象对话里选择"核武器"的来访者，尤其需要学会在日常生活中健康地表达消极感受，学会通过倾听与表达。倘若一味地"高姿态"或躲避，力图阻挡不断被压抑的心理能量，则无异于日积月累地"攒火药"，这将是非常危险的，对自己的身心健康和人际交往均不利。虽然过度压抑常常可以避免一时的愤怒发作或冲突发生，可是，一旦爆发，将如火山喷涌(核反应过程非常迅速)，不可收拾，反而具有更大的危险性和毁伤力。

在临床实践中，我发现一个有趣的现象。选择核武器意象的来访者往往是带有明显差异的两种体形：一种是体态丰腴，另一种是瘦小纤弱。以心理动力学的视角分析，他们的潜意识里之所以存在核武器意象，前者源于过度压抑，后者则源于过度补偿。

在一次以心灵成长为主题的教师团体心理培训中，进行"挑武器"意象体验时，有两位女教师在想象中选择了"原子弹"，一位女教师选择了"氢弹"。巧合的是，那一天，这三位中年女性都穿着黑色的衣裤，体态都比较丰腴。而且在连续两天的培训过程中，她们都不太愿意跟大家分享自己的任何感受，并先后表示："我没有心理问题，忍一忍就过去了""当老师20多年了，我什么学生没见过，什么家长没见过，其实都无所谓""我跟那个原子弹老师一样，忑能忍"……

**【解析】**

有些"核武器"是主动制造的，以示"军威"，以壮"心力"。而有些是迫不得已"忍"出来的。无论缘起为何，均须自觉自知，善加运用。

有一次，我给某银行的数十位职员讲授"心理防御机制"课程，期间带领他们体验"挑武器"。有一位中层领导和两个清瘦的年轻人选择了"原子弹"，另有一个小伙子笑嘻嘻地说："您说只能选一件，我毫不犹豫地选了核武器，放在我办公室地板下面的暗格里，只有我知道怎么启动它，而且一旦启动，谁也阻止不了它，包括我自己……"

经了解，这几位年轻人都是入职不足3年的职员。在接下来的小组讨论中，他们真诚地剖析了各自的愤怒底线，如家人不能被欺负、人格不能被侮辱等，其中有一点非常相似：工作中不被公正地对待；无论怎么努力都没有晋升机会。

🍎 【解析】

　　有些"核武器"是"补"出来的——渴望强大的背后是对于对内心弱小感的恐惧。殊不知，"补"出来的终究不是"长"出来的。接纳弱小感方为真正的强大。

# 四、 装甲车

　　在军事上，装甲车是装甲汽车、装甲输送车、步兵战车等装有武器和防护装甲的一种军用车辆或警用车辆（见图 4-15）。

图 4-15　轮式装甲车

　　在心理上，具有以下象征意义。

　　首先，具有"车"的象征意义。

　　第一，车可以象征自己的身体或心灵。这是最常见的车的象征意义。在意象或梦境里，车所去的方向，代表来访者的人生方向或生活目标；方向盘失灵，代表内心有失控感，无法很好地驾驭人生方向或生活目标；雨刮器坏了，车窗或视线模糊，代表看不清生活方向和生活道路，也可以象征某种回避，自己不想看清方向和道路；油箱空了，则象征心理动力不足，或身体透支；等等。

第二，车可以象征一个小环境。譬如，来访者的家庭环境、工作环境或某个社交环境等。在意象对话中，通过询问，便可知道来访者想象中的装甲车是否象征小环境，以及具体代表哪个小环境。例如，"你觉得这辆装甲车是否像你生活中的某个环境？""你待在里面的感觉是什么？""怎样能让你更舒服一些？"……

其次，极强的地面机动能力和越野能力，象征适应能力强，耐挫能力强。

从空间来讲，天空代表精神，大地代表现实，地面以下代表潜意识。而装甲车一般长着三种不同的"脚"——履带式、轮式、履带轮式复合式。多数装甲输送车可水上行驶，我国自行研制的第二代步兵战车能够涉水浮渡，还有水陆两栖的坦克等，所以，装甲车能够适应多种难走的地面，对于坑坑洼洼、沟沟坎坎，甚或带有一定坡度的复杂路况（"路况"代表来访者的心路历程以及过往的心理经验）均可轻松越过。这些都表明它具有良好的现实适应能力和心理耐挫能力。

再次，承载能力强，象征心理能量较大，心理承受力较强。

仅以现实中的斯特里克装甲车为例，步兵输送车可载重 16.44 吨，机动火炮系统车可载重 18.73 吨，最大行驶速度每小时 99 千米，最大行程 499 千米。

最后，来访者所强调的装甲车的功能，代表具体的心理功能。

例如，来访者在做"挑武器"意象时选择了装甲车，但强调其侦察功能。也许是因为来访者并不知道有一种装甲车叫装甲侦察车，也许在他的潜意识里，他就是很在意"侦察"这件事，或者说，"侦察"是他下意识保护自己重要的心理动作。在意象里，即使他没有描述出装甲侦察车的样子，心理咨询师也要把关注力放在"侦察"的心理意义上。然后，通过共情与询问的方式，进一步探索这种"侦察"对于来访者的具体内涵及其意义。一般来说，装甲车的"侦察"功能具有以下象征意义。

其一，善于收集心理情报。这样的来访者比较理性，不易冲动，善于细心观察、缜密思考和逻辑分析。

其二，心理内耗小。现实中强调"侦察"功能的装甲车有一个特点：油耗低，行程储备大。这意味着来访者心态比较平稳，很少感到焦虑，面对挫折和压力时具有较好的耐受力和持久力。

其三，心理隐蔽性高，不易被对方察觉。现实中，突出"侦察"功能的装甲车必须噪声小，善于隐蔽，否则很难完成任务，这代表心理定力比较好；另一层意思是，不会轻举妄动，即使有所行动也是静悄悄的，不会大张旗鼓地自我暴露或自我开放。

如果来访者选择装甲车意象时，强调的是"救护"功能，则体现着心理防护意识和心理救护能力方面的特点。这类来访者的心理能量更多地投向外部，尤其关注人际冲突情境下的人员救护。他们内心深处害怕人际冲突，在现实生活中不会轻易地跟别人发生冲突；他们对"受伤"非常敏感，也深知"受伤"对一个人的消极影响，所以，非常关注有谁受伤了（换言之，非常关注"我的哪个心理部分受伤了"）；他们的对外救护能力很强，虽然他们并不喜欢人际冲突，也不会主动挑起冲突，但是在面临冲突情境时，他们会表现得很勇敢，也很有智慧，知道如何去阻止或化解当下的冲突，这很可能源于其很强的自我救护能力（如自我化解消极情绪能力、自我疗伤能力等）。

接下来，我们了解一下素有"陆战之王"美称的坦克（见图4-16）。

广义上，坦克从属于装甲车；狭义上，二者并列。与其他装甲车相比，坦克意象通常具有一些独特的心理意义。

首先，坦克兼具防护力和战斗力，象征良好的心理灵活度。以"坦克"为主导人格的人，或在武器意象中选择坦克的人，既可主动表达自己的情绪感受，也有能力进行心理防御。就防御机制而言，厚重的装甲代表"压抑""隔离"和"回避"（坦克装甲的厚度一般可达数百毫米，而装甲车不过几十毫米）；金属材质代表

图 4-16　坦克

"合理化"。

其次，坦克的"履带"象征较好的行动力和灵活性。坦克用履带行走，遇到泥泞和沼泽不会陷下去——情感、情绪不易沉溺；遭遇雨、雪、冰等路面，履带不会滑转——心里遇"冷"（如情感受伤、遭遇冷遇、感觉寒心等），仍然能坚持前行，具有坚强的意志力；履带比轮胎抗击打——心理耐受力强；履带还有一个特殊功能，就是过河时，采用潜渡的方式在河底行走，若是浮渡履带，还能像螺旋桨一样产生驱动力，驱使车辆前行——不仅适应环境能力强，耐挫能力强，还能自行增强安全感和行动力，颇有一种"越挫越勇"的风范。"履带"的这些心理品质铸就了坦克意象良好的行动力和灵活性。

再次，坦克具有强大的直射火力。它象征着情绪一旦宣泄，不可控性就会增强，杀伤距离较远，面积较大，易伤及无辜。这个方面与"炮"相似。

最后，不可忽视的是，坦克意象的诸多优势也可以因为过度的心理防御而带来人际隐患，或付出不必要的代价，如躯体化。

# 五、　飞机

像鸟类一样在空中飞行，是人类古已有之的梦想。这个浪漫的梦想使得中国

125

有了孔明灯和风筝，古希腊有了机械鸽，澳大利亚有了飞去来器，也吸引着列奥纳多·达·芬奇去设计飞行器……

直至 1903 年 12 月 17 日，美国莱特兄弟在人类历史上首次驾驶自己设计和制造的动力飞机飞行成功。1909 年，美国陆军装备了第一架军用飞机。第一次世界大战期间，专门为执行某种任务而研制的军用飞机出现了。

作为一种常见的武器意象，"飞机"同样具有象征意义。飞机能够在空中飞行，代表自由，或向往精神自由；金属材质，代表理智、坚强、精神财富等；飞机能脱离大地，翱翔高空，对应心理防御机制中的幻想、回避与合理化。

关于幻想机制，这里多说几句。

当人们无法解决现实生活中的某个困难，或是无法化解某些情感、情绪的困扰，可以通过想象中的成就来缓解受挫的痛苦，也可以通过延长想象过程而逃避现实行动可能带来失败的痛苦，这种心理防御机制就是幻想。

例如，小丁上班时被领班（职员们私底下都管这个领班叫"女魔头"）莫名其妙地训了一顿，心里很不爽，但是敢怒不敢言。回家路上，他买了一张福利彩票。晚饭时，他跟女朋友畅想未来："我要是中了大奖，就自己开个公司，我做总经理，你做总经理太太，咱们再也不给别人卖命了。我要把那个女魔头弄过来做我的手下，我给她开很高的工资，让她舍不得走。然后每天给她派很多的活儿，干得再好也不给她好脸看，最好能找个机会狠狠地羞辱她一番，哈哈哈……"小丁越说越高兴，感觉轻松了许多。此时的小丁就是用幻想暂缓不满情绪。

意义心理疗法（Logotherapy）的创立者弗兰克尔（Viktor E. Frankl）曾在第二次世界大战期间，在集中营里待了四年。他发现，那些能够从集中营活着走出来的人，与是否年轻力壮并无多大关系，最重要的是，他们对未来有憧憬，通过幻想未来的远景，支撑自己度过当下的苦难。

为此，我们需要辩证地认识幻想。它能使人暂时脱离现实，缓解痛苦，一定程度地增强心理耐受力和抵抗力。但是，问题始终在那里，无法回避，幻想并不能帮助我们解决问题，最终还是要勇敢地面对。

没有任何心理问题是靠幻想和回避得以解决的。

一般情况下，所有的飞机意象都对应幻想、回避与合理化这三种心理防御机制。在进行"挑武器"意象对话时，心理咨询师需要引导来访者觉知到这三种机制各自所保护的东西。

除此之外，心理咨询师要重点关注来访者所强调的飞机意象的具体特点。比如，凡是具有杀伤功能的飞机意象，在情绪表达方面往往是有共性的：一旦情绪爆发，针对性较弱，影响远距离的人际关系，波及范围广，伤害性大，极易伤及无辜且不可控；由于"高高在上"，远离地面（象征现实），而缺乏对于地面苦痛的感受和共情——仅就这点而言，以"飞机"为主导人格的人，并不适合从事心理咨询工作。

下面，列举几种常见的飞机意象。

## （一）观光机

观光机强调的是"观光"，自然与侦察、战斗、救护等无关，除非来访者特别提到这些功能。通常，"观光机"反映出以下几点。

第一，性格温和、优雅。处理人际冲突时，态度和行为都表现得较为友好。或者说，内心回避冲突。

第二，启动了"隔离"这一心理防御机制。前文有叙，此不赘述。

第三，事不关己的"游客"心态。既是"游客"，自己所处的环境和所面对的问题，也就貌似与自己无关了。与个体咨询相比，在团体里进行"挑武器"意象时，更容易遇到这种情况。

从临床来看，选择观光机意象的"游客"心态往往与以下因素有关：被动参加团体体验，缺乏主观意愿，或缺乏成长愿望；安全感较弱，不太信任团队、指导者或心理学等；只想旁观，害怕暴露个人信息；害怕碰触消极感受，竭力保持轻松平静的状态，以维护自我形象。

值得共勉的是，不论来访者出于何种心理因素选择待在"观光机"里，我们作为心理咨询师，都要比他们自己更认真地对待他们。这就是心理临床所主张的"延伸"（extending）。

## （二）直升机

"直升机"具有几个突出的象征意义。

第一，心理灵活度较高。直升机可在小面积场地垂直起降，这是其他类型的飞机无法企及的。以"直升机"为主导人格的人，更凸显"鸟"的象征意义：自由、自然、简明、直接、不虚饰。

第二，现实感较强。直升机可做低空（离地面数米）飞行。

第三，自我控制感和自控力较强。直升机可做悬停和低速飞行。

第四，内心的定力较好。直升机可做机头方向不变的飞行。

第五，心理抵抗力较弱。与其他更具战斗力的飞机相比，直升机的人员承载和武器承载的数量偏少，所以，它抵抗外来打击的能力相对较弱。

## （三）歼击机

歼击机也叫战斗机，心理品质似食肉猛禽，自信、勇敢、骄傲。

在军事领域，歼击机主要用于空中消灭敌机和其他军用飞机。执行任务时，主要与敌方的歼击机进行空战，夺取制空权；可以拦截敌方轰炸机、强击机和巡航导弹；还可以携带一定数量的对地攻击武器，实施对地攻击。这些特点在心理层面表现为以下几点。

其一，具有攻击性。如前所述，一旦投入"战斗"，即人际冲突，情绪表达直接，打击面较大，伤害性较大，且不可控。

其二，心理防御能力较强。即使心怀不满或愤怒，也能做到不直接与他人产生冲突。与其他类型的"飞机"相比，"歼击机"更善于忍耐和克制，并且多了一分灵活：先警戒，再决定下一步应对措施。这也是自信的一种表现。

这种"警戒"能够一定程度地缓解甚或避免人际冲突。在现实应用中，歼击机是通过发出信号来实现警戒功能的，如航行灯与着陆灯的闪烁、机翼的摇摆、飞行位置（相对于被拦截的飞机或其他航空器）及飞行动作的变化等。

## （四）轰炸机

轰炸机比歼击机具有更强的杀伤力和突击力，似秃鹰这一类的食腐肉鸟。

轰炸机在现实中既能带核弹，也能带常规炸弹，既可以近距离投放核炸弹，又可以远距离发射导弹，比歼击机的攻击性和伤害性大很多，可以引发更多的"死亡"，或者说，离"死亡"更近。正是在这个意义上，轰炸机堪比食腐肉禽。

"轰炸机"既可以象征直觉，在某些情境下，也可以象征与死亡相关的东西。

这里所说的"死亡"，包含肉体生命和精神生命两个层面。心理咨询师须结合来访者的整体意象，并核实其具体感受，方能知道当下"轰炸机"意象是否具有死亡之意，及其具体内容。

## （五）热气球

热气球是一种无推进装置的航空器，由气囊及其下面的吊篮或吊舱组成（见

图 4-17)。因气囊里气体的密度小于空气而能升空。中国的孔明灯就是一种原始的热气球。

图 4-17　热气球

无须推进装置就能升空，代表性格简单、自然、自由、直接。升空后飘摇似羽毛，表明它更加精神化（或更加追求精神化），也更浪漫和唯美。换言之，以"热气球"为主导人格的人，更在意精神追求，具有浪漫气质。

来访者若非常强调意象中热气球的"漂亮"，如色彩鲜艳、绚丽多姿等，则象征对美的追求。长相漂亮的气球，犹如羽毛漂亮的鸟儿。

与其他金属质地的飞机或飞行器相比，热气球更感性，所以，也可以象征新生活和新体验。与观光机相比，热气球的性情更温和、更友好、更优雅。

一般意义上的热气球并不具备直接的攻击性和破坏力，代表不会对人际关系造成直接的伤害。相反，如果操作不当，或是遇到外来侵害，反而容易"受伤"——内心敏感，情感脆弱，情感受伤后容易抑郁、难过、无助等。

## （六）飞艇

飞艇是热气球的进一步发展，与之最大的不同在于，飞艇具有推进和控制飞行状态的装置。也就是说，飞艇是有动力的，可控制的。飞艇由巨大的流线型艇体，位于艇体下面的吊舱，尾面（用来控制和保持航向、俯仰的稳定），以及推进装置组成。艇体的气囊内充以密度小于空气的浮升气体（氢气或氦气），借此产生浮力以使飞艇升空。吊舱里面可乘坐人员，亦可装载货物（见图 4-18）。

图 4-18　飞艇

大型民用飞艇还可用于交通、运输、娱乐、赈灾、影视拍摄、科学实验等。譬如，遭遇自然灾害时，通信中断，可以迅速发射一个浮空器，通过搭载通信转发器，就能够在非常短的时间内恢复灾区的移动通信。

与飞机相比，飞艇具有许多优点和特点，这些优点和特点又体现着"飞艇"的心理象征意义。

第一，飞艇"有动力"，代表自身具有内在驱动力，生命力更旺盛，心理资源更充足。以"飞艇"为主导人格的人，或在"挑武器"意象中选择飞艇的人，具有一种先天的自信心，所以，对于他人的评价和外界环境不是十分在意，或者说不太敏感。

第二，飞艇"可控制"，代表自我控制感和自我控制力较强，情绪不冲动，也不易情绪失控。

第三，飞艇较轻，燃料较省，代表其心理内耗低，或者说，焦虑较少，心理状态更平和、安稳。从心理健康的角度来讲，"飞艇人"是神经症的低发人群，尤其不易患有焦虑症、强迫症和恐惧症等。

第四，飞艇的速度不如飞机——心理爆发力弱于飞机。这既是优势也是劣势。这里所谓的优势，是指"飞艇人"情绪表达的冲动性较弱，对外界人际关系的破坏性减少；所谓劣势，是指表达内心感受的动力和愿力较低，更容易下意识地使用合理化、幻想等心理防御机制。

第五，相对于飞机而言，飞艇最大的优势在于，可以保持无与伦比的滞空时间，而且能悄无声息地完成升降和飞行。在现实层面，飞机的空中飞行时间以"小时"为计算单位，飞艇则以"天"来计算；悬停时间较长，可使其搭载的侦察仪器精准而高效地探测目标；军用飞艇一般充以氦气，安静而稳定。这意味着，飞艇意象有一个突出的心理品质，也是其心理优势——安全感较好，由此带来的优点是内心平稳，心理定力较足，持久力较好。

第六，飞艇的"安全感"，对内发展为自信心和稳定感，对外发展为信任感（信任他人、信任世界、信任未来）。"飞艇"的心理耐受力比较好，但对于强大的精神刺激，抵抗力就会减弱。其现实依据有两个：一是现实中的飞艇可以在恶劣的天气里安然飞行；二是飞艇气囊里的氦气是一种稀有气体，不可燃（象征不易被激惹，不爱生气、发脾气），压力不是很大，仅需能够保持其外形即可，所以，即使被枪弹击中，弹孔若不大，氦气的泄漏速度非常缓慢，几乎可以暂时不做处理。但是，如果枪洞或弹孔比较大，飞艇就受不了了，只得取消行动计划，庆幸的是，仍有足够的时间返回基地。

在这一点上，反映出"飞艇"的另一个心理特点。以"飞艇"为主导人格的人在情感严重受伤的情况下，很少使用对外的投射机制，而是向内隐忍，行为退缩，或社会交往退缩，默默地回到自己的心理原点。接下来，就要看来访者的自我修复能力了。倘若修复能力强，自我疗愈之后就能回归现实生活；否则，将有可能躯体化，或得抑郁症，或显现出自我封闭的倾向。

# 六、　舰艇

舰艇就是我们平常所说的军舰，又称海军舰艇，是指具有武器装备，能在海洋执行作战任务的海军船只（见图 4-19）。

图 4-19　海军舰艇

舰艇有很多种类。仅根据战斗使命，就可以分为航空母舰、巡洋舰、驱逐舰、护卫舰、布雷舰、扫雷舰、登陆舰、导弹艇、潜艇、炮艇、鱼雷艇、猎潜舰艇等。因此，在临床上，心理咨询师需要关注来访者所强调的舰艇意象的具体功能和特点。如果来访者没有主动描述，心理咨询师一问便知。

"舰艇"的象征意义为以下几方面。

第一，可以象征女性。舰艇与水有关，而水是"阴"性的，可以代表女性。这是舰艇与其他武器相比，非常特殊的地方。其他武器不是在天上使用，就是在地上用，或是在人的身上用，而舰艇是在水里用的。具体说来，舰艇意象可以用来代表来访者心中的女性心理特征，或者代表母亲，代表母性。

第二，可以象征女性的性。譬如，在舰艇上摇摇晃晃的感觉，可以是性象征。在"挑武器"意象对话中，如果男性来访者不仅选择了"舰艇"，还强调敌方是女性，则代表他的愤怒或敌意是指向女性的，有可能带有"性"的攻击/占有欲望，也可能仅仅代表愤怒或敌意。如果来访者强调的是"舰艇"的自卫功能，则与"性"无关，这是表明他近期的生活过于紧张焦虑，渴望能够保护自己。至于具体的自我保护方式，需根据其舰艇意象的细节信息做出分析。

第三，能够潜入大海执行任务的"舰艇"，则可以象征自我探索（大海象征潜意识），或自我压抑较深，这需要根据具体的意象情境进行判断。

在团体"挑武器"体验中，某来访者（女性，三十多岁）选择了"潜艇"。她自述："我的武器库就在海里，我待在一个深灰色的潜艇里，空间很小，是密封的，只够我一个人在里面，氧气充足，还有一些必要的生活用品和一个炸药包……"我问她："如果此时有外来的危险，你会怎样保护自己？"她犹豫了片刻，随即皱了皱眉："那我就点燃炸药包，跟对方同归于尽。"

📖 **【解析】**

这里的潜艇意象更似一个壳，来访者退缩在里面许久，情绪压抑较深（另一依据：整个武器库都在海里）。她唯一能想到的解决方式也是决绝的——忍无可忍时就"豁出去"，跟对方撕破脸，断绝关系，且不惜付出任何代价。"深灰色"是抑郁色，代表来访者较重的抑郁心情。

某男性来访者在"挑武器"意象对话时，也选择了"潜艇"。他想象中的潜艇是"银色的，很漂亮，表面有亮度，在海底里慢悠悠地游荡，好像没有什么目的地，走到哪儿都可以。我坐在里面，新奇地看着外面，看到各种颜色的鱼、珊瑚、海草、礁石，还有一些说不出名字的海洋生物……真希望能一直这样走下去，就是担心舱里的氧气不够。"

📖 **【解析】**

这位来访者意象里的"潜艇"显然与前者不同，从外观到内心感受都更健康、美好，更愿意在潜意识的世界里进行探索。"担心舱里的氧气不够"，意思是担心自己不能长久地坚持自我探索。

第四，"舰艇"象征自我防御性较强，隐蔽性较高。现实中的舰艇具有较好的防护设施和隐身技术设施。诸如，有防核、防化学、防生物武器系统，有消磁装置，还有减振、降噪、隔音、减少热辐射/电磁波/声波反射等设施。这意味着，以"舰艇"为主导人格的人，直觉比较好，对于很多细腻的信息能够快速捕捉并实施防御，攻击时可以令对方防不胜防。

# 第五章
## 个性化武器意象的象征意义
### ——个性化武器意象在潜意识层面的内涵、功能与运用

个性化武器千奇百怪，变化莫测，譬如，有毒的莲花型胸针、可以变成长剑的水、能瞬间变成毒蛇的胳膊、见血封喉的树汁、蜜蜂……动物、植物、矿物、人体、人造物等一应俱全。只要掌握解读意象的常规方法，关注其作为武器的使用情境和具体功能，就可以了解它们的象征意义了。

这里以"有毒的莲花型胸针"为例。毒意象代表较强烈的消极感受或较严重的心理疾病；莲花与母性或女性有关；胸针带有刺伤性，创口不大，针口不深，却因有毒而致命；胸针别在胸前，兼具掩饰性和展示性，同时流露出重视情感的心迹；胸针扎人犹如蜜蜂蜇人，象征自卑者的愤怒，若不化解内心深处的自卑感或自卑情结，蜇人无解——伤人，亦伤己——动怒时伤人，动怒后抑郁。

与常见的古代冷兵器和现代武器相比，想象者在"挑武器"意象里越是追求造型怪异、千变万化的个性化武器，越能反映出想象者内心深处的恐惧感和弱小感。面对这些个性化武器意象，解读意象的象征意义的方法就变得格外重要了。

就解读个性化武器意象的方法而言，与意象对话解读意象的方法一致——体会重于分析！这并不是说，理性分析不重要，解读意象只凭感觉，或用感觉压制理性，而是鉴于生活中的很多人（特别是成年人）容易用理性压制感性，因而，意象对话心理学始终强调感性智慧与理性智慧的平衡，强调感性智慧与理性智慧的灵活应用和综合应用，不用任何一方压制另一方。因此，为了确保武器意象（尤其是个性化武器意象）被正确解读，与来访者及时核对要重于咨询师个人的主观臆测。

　　当来访者进入想象，开始描述意象的时候，心理咨询师就要全神贯注地去体会和分析来访者的意象，并及时核对，从而获得对来访者的理解和共情性的觉知。无论心理咨询师拥有多么丰富的临床经验，也要始终遵循心理咨询工作所坚守的"以来访者为中心"原则和心理动力学所秉持的个性化原则，最大限度地尊重每一位来访者，让其在"挑武器"意象对话中获得心灵成长。

　　意象是一种承载着心理能量、表达着心理现实的符号，意象对话是依靠咨询师和来访者之间"心与心"的沟通而达到心理咨询或心灵成长目的的。因此，使用意象对话疗法（含"挑武器"技术）时，心理咨询师要非常"用心"——用心体会来访者所描述的各个意象所传达的总体气氛和情感、情绪，并用心体会这些意象在当下带给自己的内在感受。

　　体会的意义极其重要，相当于"内功"，理论武装则相当于"硬功"，二者缺一不可。意象的象征意义具有一定的规律，掌握规律可以获得或增加对意象本身的理解。

　　这里以"挑武器"当中的"武器库"为例。

　　武器库是一所房子，所有的房子意象都是既可以象征人的身体，也可以象征人的心灵，即"心房"——人格的基本状态和情绪基调。根据临床实践经验，武器库意象的具体特点分别象征着不同方面的心理特点。

　　武器库的破败程度，象征着来访者的心态好坏的程度。一般来说，来访者意象中的武器库越破败，其心态越差，内外观越好，其心态越好。

　　武器库的颜色，往往是性格和情绪基调的象征。暖色调代表比较外向或者比较热情，冷色调则代表比较内向或者情绪基调比较灰暗。每一种颜色都是相对独立的意象，除了可以象征性格和情绪之外，还具有其他丰富的意义，需要结合具体场景进行分析和体会，这里暂不展开论述。

　　武器库的高低和大小，象征着一个人消极情绪（特别是愤怒情绪）积压的程度。一般情况下，武器库越高大，代表消极情绪的积压程度越高；越矮小，代表消极情绪的积压程度越低。但是，任何事物都有一个"度"，极致或极端都会有问题。武器库并非越矮小越好，太过矮小，可能是另一种压抑的象征。同样，太过高大，也可能涉及缺乏精神自我、弱小感的补偿等其他心理问题。

武器库的材质常常与一个人的安全感有关，也和基本的性格特质有关。过分坚固的材质和过分单薄的材质，如石头和稻草，都象征着缺乏安全感。差异在于前者会使用过度保护的方式补偿安全感的缺乏，而后者没有这种补偿方式，直接暴露在外。采用自然材质的房子，如竹、木，象征着自然、朴实、不虚饰、不奢华的性格特质。当然，这种材质在现实生活中"怕火"，其象征意义可以解读为害怕激烈的人际冲突和愤怒情绪。

关于材质的象征意义及其应对方式，意象对话疗法已经总结了非常翔实的临床经验，此前有不少相关著作公开发表，大家可以参见。这里就不逐一列出了。

武器库门窗的大小和状态，代表心灵的"开放性"以及情感、情绪表达的"开放度"。门窗很小或者紧闭，代表心灵的开放性较差；门窗大而容易开启，代表心灵的开放性较好。

武器库里面脏，往往象征着消极的心态，常代表抑郁或恐惧。如果在想象中武器库里布满灰尘，则象征着抑郁的心情。灰尘的面积与厚度，代表抑郁的具体程度。灰尘越多、越厚，抑郁的程度越重；灰尘越少、越薄，抑郁的程度越轻。在"挑武器"的意象对话里，倘若心理咨询师能引导来访者在想象中用自己喜欢的方式打扫一下灰尘，对于改善其情绪，提高心理健康水平是非常有益的。

武器库里面很乱，往往象征着焦虑或烦躁的情绪。同样道理，若能像打扫灰尘一样，整理一下凌乱的"武器库"，对于来访者也是大有裨益的。

武器库里面光线不好，甚至很黑，象征着来访者对自我的了解很少。自我了解、自我认识是心理健康的重要基础。因此，房子里面黑，代表其心理状态不太健康；房子比较明亮，代表其心理状态相对健康。当然，有时是由于来访者初次体验意象对话，内心很害怕，想象出来的武器库也会光线不好，甚至很暗。无论怎样，我们总是鼓励来访者用自己喜欢的方式让"武器库"变得更明亮一些。

至于个性化武器所涉及的动物、植物、人造物等，都各具象征意义。总的分析原则是：充分尊重来访者的感受来进行解读。

在分析和体会来访者的个性化武器意象时，有几点需要注意。

第一，极致的、过分的"美"或"好"的意象，未必是心理健康的。

这一点格外重要。前文虽有阐述，这里依旧再次强调。

第二，本书所论及的各种武器意象的象征意义，都只是偶然性的，并非必然的。

象征意义绝非僵死的、不变的、机械的，而是灵活多变的。同一个象征意义可以由多个形式不同的意象来表达，同一个意象又具有多种象征意义。并且，几个意象的组合以及意象整体，还可能构成新的象征意义。

"意象"与"象征意义"的关系，就像是英语单词和单词意思的关系。一个意思可以用多个单词来表达；一个单词可以同时具有多个意思；在不同的情境里使用，同一个单词可以表达不同的意思；在某种情境里，几个单词组合在一起，可能构成一种新的意思，而这个新的意思超越了这几个单词原本的意思。例如，lemon 意为"柠檬"；lemonade 意为"柠檬水"/"柠檬汁"；在某种情境下，lemonade out of lemons 的意思则是"化不利为有利"。

因而，切不可采用——对应、对号入座的方式机械套用武器意象的象征意义，对来访者进行"野蛮分析"！而须本着"以来访者为中心"的工作原则，灵活运用关于武器意象的各种知识，真诚而投入地体会，深刻而有针对性地理解每一位来访者通过武器意象所传达的丰富内涵及心理意义。

第三，同一个意象具有多种变式，每一个变式都代表总体上接近、但又不完全相同的心理状态。

许多来访者想象出来的"武器"都与水有关。比如，手枪里射出来的是水；大炮里面装的是冰做的圆形球体；冲锋枪里射出来的不是子弹，而是一团团浓浓的白雾，让人什么都看不清；需要自我保护时，眼睛盯着谁看，谁就会被冰冻；潜水艇藏在冰山下面……此处，以水为例。

水的基本象征意义有：生命力、滋养、爱、性、女性、关怀、创造力、繁殖力等。这些基本象征意义之间都具有相关性。

心理咨询师要想精准地解读"水"这个意象，就必须根据它出现的具体变式、状态、性质、与何种武器相结合等信息，进行整体分析。比如，"水"有很多的变式，冰、雪、雾、云、血、奶、酒、毒品……虽然这些变式都离不开生命力、滋养等基本的心理象征意义，但是，具体的象征意义仍会有所侧重。

"冰"强调的是情感的凝结、冷冻、固封——"心寒"的感觉；"奶"往往与母爱、滋养、关怀有关；"酒"可以代表令人沉醉的情感；"毒品"与有害的情感或情绪沉溺有关；"血"则含有多重意思，可以象征生死，可以象征情感（尤其是爱或愤怒），"手上沾血"代表罪恶（感），"喝血"代表获得新生/新的能量，"吐血"代表付出。

第四，在"挑武器"意象对话的过程当中，心理咨询师一般不向来访者解释意象的象征意义。

这与经典精神分析的做法完全不同。经典精神分析强调将无意识的内容意识化，而意象对话恰恰是运用意象的象征意义"下对下"地进行深层沟通与咨询，即在潜意识层面直接展开心理咨询工作。因而，我们不需要来访者理性地知道各种意象的象征意义。相反，如果在来访者进入想象之后，特别是进行到"咨询性的意象互动"阶段时，解释象征意义反而会把来访者带到理性层面上来，脱离或阻断潜意识层面的沟通，从而干扰咨询效果。

第五，为了增加来访者想象的自由度和体验的深度，减少不必要的限制，心理咨询师可以有意强化想象的奇异性。

有的来访者过于理性，或者比较紧张，在进入想象之后，描述出来的意象比较受限于日常逻辑思维。例如，在想象武器库时，来访者只看到架子或箱子，却看不到任何一件武器；或者，在描述一件武器时，说不清它的长短大小、材质、颜色、用途、使用方式等重要细节；或者，心理咨询师问及某现代武器里是否有弹药、有多少弹药时，来访者习惯用理性的"应该"来作答（这种应对方式本身就呈现出来访者惯用的心理防御机制，如"合理化""回避"等），诸如，"枪里应该有子弹吧""这种枪应该装多少子弹，我也不知道""就是电视剧《潜伏》里翠平拿的那个手雷，就那么大，就那个颜色"……

尽管来访者表达出来的这些信息都有心理意义，也具有分析价值，但是，受限较多，防御较多。针对这种情况，心理咨询师可以帮助来访者再做下放松，然后，有意识地引导："在你想象的武器库中，你可以看到一个奇异的世界，可能会出现不被称作武器的武器，甚至是现实生活中完全见不到的东西，只要你放松下来就可以看到……请放心，我会和你在一起，你看到什么就说出来。"

在某种意义上，所有那些无法划归冷兵器和现代武器的武器意象都可以归为个性化武器。

根据个性化武器所突出的彼此间具有差异的特性，个性化武器意象暂且分为隐秘型、幻化型、超能型和随机型四种类型。

# 一、 隐秘型

隐秘型个性化武器意象有两个基本共性：一是武器意象本身无法简单划归冷

兵器意象和现代武器意象；二是强调隐秘性或隐形能力。

"隐秘"和"隐形"象征较强的心理防御状态，尤其会下意识地使用"压抑""回避""隔离""躯体化"等应对机制。临床上出现的最极端的情况是，每当来访者感到危险时，连人带武器都能瞬间隐形。在潜意识里渴望隐秘或隐形（不局限于"挑武器"意象体验），是一种"藏匿"，往往体现了以下两种心理动机。

## （一）渴望被关注

有的来访者在成长过程中，也许是受到原生家庭的影响，也许是经历了某种创伤性事件或创伤性体验，潜意识里感觉自己被忽略，或不被重视，像个战战兢兢的孩童一般躲在暗处，睁大眼睛，时不时地探出头来张望父母，张望外面的世界，期盼着自己在这场"藏猫猫"的游戏中被找到。他们的心理年龄也因此固着在幼年时期。

在这个心理过程中，"被找到"的兴奋远大于"藏匿"的快乐。小心翼翼地躲藏，不过是为了快一点被发现。看似矛盾，实为因果。所以，与其说是"藏"起来，不如说是渴望被看到。

## （二）渴望被忽略

有的来访者恰恰相反，正是由于在儿时的成长过程中，体会到太多的被关注，或被过度保护，心里不断堆积着厌烦、不安和焦躁，总想找机会藏起来，哪怕只能享受片刻的安宁与自由。于是，一有机会，就"藏"起来了。他们在潜意识里真心渴望被忽略，不希望被看见——至少不要总是被看见。

原因在于，那种总是被看见的感觉，仿佛永远活在舞台上，周围永远有眼睛在看着自己，没有隐私，没有秘密，没有自己独立的空间，不敢休息，不敢放松，生怕被别人看到自己"不够美""不够好""不够优秀"，又不敢冒险让别人看到自认为的"不够美""不够好"和"不够优秀"。所以，他们渴望谢幕，渴望散场，至少希望自己有能力去决定何时被看见，何时被忽略。

在这个心理过程中，"藏匿"是内心最真实的愿望。因而，与其说是"藏"起来，不如说是渴望能控制。

来访者，女，26岁，硕士研究生，独生女。

在她想象的武器库里只看到一样东西——一粒黄豆大小的银色按钮，上面刻着奇怪的文字，"不属于任何一个国家的文字"，她说，"只有我能看懂"。离开武器库时，她用一种打耳洞的机器把这个按钮嵌在自己左手的虎口处。

心理咨询师："如果有危险来临，这个按钮会怎样帮助你？"

来访者："我趁别人不注意的时候，用右手轻轻一按，我就隐形了，别人就看不见我了（笑呵呵地缩了一下脖子）。"

心理咨询师："除了帮你隐形，它还有其他的功能吗？"

来访者："没有，只要别人看不到我就够了，因为只要我隐形，别人就伤不到我了。"

心理咨询师："你最希望谁看不到你？"

来访者：（低头，沉默不语）

咨询师："或者说，你最希望在谁的面前，自己可以隐形？"

来访者："我爸。"

心理咨询师："当你说到爸爸的时候，心里什么感觉？"

来访者："（眼睛湿润）难过……还有失望。我从小到大，无论做什么，不管我多么努力，他好像都看不见，永远是一副冷面孔。我不止一次地想过一个问题：我爸根本就不喜欢我，他根本就不想有孩子。真不明白，他为什么生我……"

【解析】

这是一个渴望被看到、被认可的孩子。父亲的教养方式和冷淡态度，带给来访者较大的自卑感和无助感。她习惯于压抑和退缩。然而，一味地压抑和退缩会导致对方更加"看不见"她，更加忽略她的感受和需求，父女关系变得更冷（缺乏温暖感）和更淡（缺乏情感交流和情感连接），这又加重了她的自卑感和无助感，只得继续压抑和退缩……接连往复，恶性循环。

首次提到神奇按钮的"隐形"功能时，来访者下意识地缩了一下脖子。对于未成年的小孩子而言，"脖子"代表自己与父母的关系。这个不经意的肢体动作，实际上是一个心理动作——在父亲这个"权威"面前是怯懦的、退缩的、不敢表达真实想法、却又怀有期盼的。

在她的意象里，"按钮"上刻着除了她谁也看不懂的奇怪文字，这个细节有双重意义：一是"我不被理解"；二是"我不理解爸爸"——二者互为投射。

来访者，男，20岁，在美国读大学，独生子。15岁时，父母送他到美国读书，成绩一直很好。每次回国期间，他的情绪都焦躁不安，莫名其妙地发脾气、摔东西，事后又后悔。关于读书，他有时会说矛盾的话："我不想去美国念书了，我能留在家里啃老吗？""上完大学我要申请读研究生，毕业以后留在美国生活，你们没事儿别来看我。要不你们再生一个吧。"……后来，他主动提出要做心理咨询，父母同意，遂利用假期独自前来咨询。

心理咨询师："你说，回国休假期间，经常忍不住摔东西。在你的记忆里，哪次摔得最狠？"

来访者："上次回来，我跟我妈生气，把新买的 iPhone6s 给摔了，从我的卧室直接扔到客厅。我家客厅是大理石地板，当时就摔碎好几块儿，废了。"

心理咨询师："那一次，发生了什么？"

来访者：……（略去）

心理咨询师："听上去是挺无奈的。"

来访者："唉……"（叹了口气，摇摇头，两手一摊，身体靠在沙发上）

心理咨询师："请你闭上眼睛，仔细回想摔手机的那一刻……如果不把手机扔出去，而是把那股劲儿变成简单的一句话，你会说什么？"

来访者："烦不烦啊?！老师，我这么说的时候，怎么感觉手机好像变成一个武器了。它不会伤人，也不会要人命，但是它能发射麻醉剂。手机背面有一个红色的键，我对着谁一摁，那人就睡着了。如果对着我自己摁，我就消失了。"

心理咨询师："那人睡着了，或者，你自己消失了，对你有什么帮助？"

来访者（眉毛上扬）："就没人能找到我了呀！我要是连按 3 次，那人就忘掉我了。"

📖 【解析】 ∞∞∞∞∞∞∞∞∞∞∞∞∞∞∞∞∞∞∞∞∞∞∞∞∞∞∞∞∞∞∞∞∞∞∞∞∞

这是一个渴望被忽略的孩子。母亲的过多关注是他重要的压力源之一。在理性上，他明白这是母亲的爱；在情感上，他不喜欢这种爱的方式——温柔的强势。同时，又担心自己不够好，不足以回报母亲的爱。所以，他想到一个自我保护的办法，就是"消失"。

"手机"象征关系的连接和情感的沟通。带有麻醉功能的手机，意味着机主既不希望破坏现实层面的关系，又不希望总是被关注。显然，来访者尚不能有效地解决与母亲之间的关系问题和沟通问题。

关于读书的矛盾说法，一方面是他感受到了母亲害怕自己长大的心理状态，无力挣脱时不如用退行（regression，也是一种防御机制）的方式迎合母亲，故有"啃老"之说（用摔东西的方式控制父母的情绪，探测父母的心理底线，犹如一个乱发脾气的幼童，同属退行）；另一方面是他希望自己能够更加优秀，摆脱被过度关注的束缚，靠自己的努力获得自由，故有留在美国读研、生活等说辞。所谓"再生一个"，既可以转移母亲的注意力，减少对自己的关注，又能够补偿自己"不够优秀"的自卑感。

# 二、 幻化型

幻化型个性化武器意象有两个基本共性：一是武器意象本身无法简单划归冷兵器意象和现代武器意象；二是强调幻化能力。

幻化型与超能型，从形式上看，有交叉之处。之所以将其分为相对独立的两个类型，是因为各自的侧重点有差异。某些幻化型个性化武器意象也具有超能力，但它强调的是"幻化"本身——通过幻化，才有了特异功能；某些超能型个性化武器意象也会幻化，但它真正起到防御或攻击作用的，不是因为会幻化，而是因为具有超常的能力。举例如下：

在一次团体心理咨询中，某位来访者报告："当我感觉自己受到威胁时，我的右手立马就会变成冰剑，寒气逼人，锋利无比。"

## 【解析】

"手"代表控制力。此来访者以"手"为武器，可见愤怒源于失控感或控制力减弱（这也很可能是她早期情感受伤的源头：想控制某种情感关系，却控制不了。后期，可以泛化为其他的关系）。

"冰"与"剑"相结合，意为情感受伤之后，心寒如冰，不再碰触温柔或温暖的情感（关系），情感凝固，能量滞留，性格更为坚强。所谓的"冰剑"既是潜意识里凝固的泪水，又是行为层面伤人的利器。若此来访者经常以"冰剑"进行自我防御，则每伤别人一次，自己的心里就冷却一次，放弃情感信念一次……周而复始，仿佛遁入幽深的绝情谷。

手变冰剑，犹如刺骨寒风。欲解此结，只需给她温暖的关怀与耐心的陪伴。

曾有一位来访者自述："如果我实在受不了了，我的戒指就会变激光，所向披靡，谁也挡不住！"

## 【解析】

戒指是套在手指上用作纪念或装饰的小环。它究竟属于哪个国家的发明创造，尚无定论。仅在我们国家，戒指至少有两千多年的历史，古称指环。

"戒指"是一种信号或提醒。譬如，按照国际标准戴法，大拇指一般不戴钻戒（因为大拇指象征权势或自信），食指表示想结婚，但尚未结婚，中指表示正在热恋中，无名指表示已经订婚或结婚，小拇指则表示独身或离婚。所以，意象里戴在不同手指上的戒指可变激光，具有不同的意义。比如，左手大拇指的戒指可变激光，意味着当事人感觉自己的权威感或自信心受到挑战或挫败时，会心生愤怒；无名指的戒指可变激光，则与婚姻或亲密关系有关。

激光是人类 20 世纪以来，继原子能、计算机和半导体之后的又一重大发明，被称为"最快的刀""最准的尺""最亮的光"。其最初的中文名是"镭射""莱塞"，取自英文 LASER（Light Amplification by Stimulated Emission of Radiation）的音译，即"受激辐射光扩大"。1916 年，伟大的物理学家爱因斯坦发现了激光原理。1964 年，我国著名科学家钱学森建议将其更名为"激光"。激光就是被激发出来的光子队列，这些光子特性相同，步调极其一致，极度团结的特点造就其巨大的威力，从而所向披靡。

结合以上所述，根据来访者的具体描述（如戒指变激光的具体情境、哪个手指戴的戒指、戒指所变激光的具体功能等），便可了解其个性化的心理意义。

来访者（男，7 岁，大脑发育和身体发育正常，智商偏高，有多动症，微量元素检查结果正常）在"挑武器"意象里选择了一个音箱。

心理咨询师："如果你感觉不安全，或是想要保护自己，这个音箱会怎么帮助你呢？"

来访者："我的音箱超级棒，它能变成各种武器，我想让它变什么就变什么。"

## 【解析】

"音箱"是用来传递声音的（作为整个音响系统的终端，音箱的作用是把音频电能转换成相应的声能，即把电信号转换成声信号，并将其辐射到空间去）。

透过音箱意象的象征意义，我们可以知道，在这个 7 岁孩子的内心深处，他是多么地渴望表达自己，渴望自己被别人听到。更确切地说，他渴望被听懂、被理解。后续的咨询也的确证明了这一点：正是由于他经常感到不被倾听、不被理解，才越发地烦躁，变得注意力涣散、情绪冲动和活动过度。即使开始服用治疗多动症的常规药物，他的表现也是时好时坏，并不稳定。

在心理干预介入之前，周围的成年人更多关注的是孩子行为的表面：脾气暴躁，容易冲动，上课时注意力难以集中，不太遵守课堂纪律，有时对小伙伴做出肢体冲突的举动，有时会破坏学校公共财物（性质并不严重，诸如，剪教室里的窗帘、抠墙皮、揪花等），不能像其他同龄孩子一样好好地排队、做操、吃饭……却不曾试图去了解和理解：这个孩子做这些是在表达什么？他最在意的精神需求是什么？

面对一个个儿童案例，我们不由地去反思：家长和老师的教育方式是否得当？当孩子出现消极情绪或不良行为时，我们这些成年人的应对方式是否得当？

就这个案例而言，作为孩子的父母和老师，如果不是简单地训斥和责罚，不是简单地对他下命令，如果不是对他做对了视而不见，做错了非打即骂，而是耐心地给他讲清每一个要求和纪律背后的道理，并且，当他做对或做好时，真诚地称赞他，做错时，及时地鼓励他，那么，这个孩子就不会像现在这样。

# 三、 超能型

超能型个性化武器意象有两个基本共性：一是武器意象本身无法简单划归冷兵器意象和现代武器意象；二是强调超能力——超越现实与人类的能力。

在日常生活中，我们最容易见到的超能型武器意象是在梦境和科幻作品里。虽为肉体凡身，我们却可以在神奇的梦境里无所不能，用各种奇异的方式避开种种危险，还可以创作出形式各样的艺术作品，来释放我们渴望超越现实、超越人类、超越一切限制、操控万物的心理能量，以补偿"狭小"的个体存在感与自卑感。

在著名的美国系列科幻电影《X战警》中，所有的主要人物都具有超能力。诸如，具有强大的心灵感应能力的X教授，眼部可发射致命激光的X战警队长独眼龙，能够操控风雨雷电冰的暴风女，有心电感应、隔空取物和瞬间移动能力的琴葛雷，经由身体接触就能吸收对方记忆和能力的小淘气，可以利用对方的记忆进行攻击，还能改变别人的心理活动……

例如，人气最高的变种人金刚狼（wolverine）罗根拥有多项超能力：超人类的敏捷、力量、弹跳以及感知危险的能力；鹰一样的超远距离视力，超强的自我愈合能力使得他能够忍受高温的艾德曼合金注入体内，双手可以瞬间伸出无坚不摧的艾德曼合金爪，由前臂肌肉控制伸缩；最神奇的是他的长生不老之力，即使没有身体仅剩头部；惊奇世界的金刚狼与终极世界的金刚狼还可以通过皮肤呼吸。即便直接受到核弹的打击、身陷岩浆，甚或在太阳表面，他都能够坚持不死。可以说，只要精神不灭，他就很难被击杀，而他的意志力超乎寻常的强大。

再如，万磁王的超能力绝非仅仅控制金属，而是控制宇宙四大力之一的电磁力。原著漫画中的万磁王相当厉害，可以从外太空吸取磁力，吸收过整个太阳系的磁场。他能用磁力移动山脉，通过控制地心而引发火山爆发，或者改变河流的流向，可以从海里升起岛屿，还可以逆转地球磁极。

又如，魔形女则可以任意改变自己的身体细胞和组织结构，因而可以变成任何人的样子，包括虹膜、指纹、皮肤纹理、声音和性别等。她的衣着也可以模仿任意服饰的质感。她还能改变自己身体器官的位置，以避免危急时刻可能遭遇的致命伤害。除此之外，她还拥有一项能力，就是衰老异常缓慢。根据自述，她应该年近200岁，却风姿绰约。在一次事件中，魔形女无意间暴露在未知的射线下，身体的自愈能力得到增强，特别是在抗毒方面，她还因此增强了体力和变形限度。

【解析】

有些来访者在体验"挑武器"意象时，仿佛与某部科幻作品里的人物形象相重合，描述出来的"超能力"也是该人物形象所具有的。针对这种情况，心理咨询师需要了解意象里的更多细节，引导来访者深入体会和感受，以探索其"个性化"的心理内容和心理过程，而不要轻易地认为自己听懂了。

来访者："我在武器库里看到了《暮光之城》里的贾思帕。我觉得有他在就够了，因为他有超能力，能控制别人的情绪。"

心理咨询师："此刻的'贾思帕'长什么样子？穿什么衣服？面部表情如何？他是靠什么控制别人情绪的？"

来访者："就是电影里的那个样子，挺帅的。穿一身黑色的衣服，上衣是皮夹克。表情很平静，嘴角有一点儿笑的样子。他靠自己的意念控制别人的情绪。"

心理咨询师："如果此时有危险，他会怎样保护他自己？或者说，怎样保护你？"

（说明：意象里的这个"贾思帕"很可能是来访者的一个人格侧面，意象对话心理学称之为"子人格"（sub-personality）。因而，心理咨询师所说的"保护你"和"保护他自己"，其实都是指向来访者。）

来访者："要是有人欺负我，或者惹我不高兴，贾思帕就会让他们心里充满恐惧，躲开我，至少不敢伤害我。他也可以让他们变得很抓狂，自己在那里发疯，顾不上我，然后，我就可以趁机溜掉了。"

## 【解析】

严格说来，凡是出现在个体梦境和意象里的所有意象符号，都经过了来访者的心理加工，打上了个性化的烙印。因此，无论是进行意象对话，还是专业释梦，都要避免将意象（心理现实）与客观现实直接对应或简单对应。

# 四、 随机型

这里所谓的"随机型"是指不带有隐秘、幻化和超能性质的其他个性化武器意象，也就是隐秘型、幻化型、超能型之外的个性化武器意象。这类武器意象更加地个性化，解读其象征意义时，要十分关注那些"个性化"的信息。譬如，其形状、颜色、材质、特点、功能、使用方式等，同时，考量来访者的性别、年龄、职业等。

选择随机型个性化武器意象的来访者，在临床上还表现出一个共同的特点：态度有些敷衍。无论是个体咨询，还是在团体情境里（包括团体咨询、团体课程和团体培训等），这类来访者的面部表情和肢体表情都表现出心不在焉的样子，甚至说话的口气和语调也透露出这样的感觉。

仔细体会，略有差异。有的人是不感兴趣，有的人是不信任心理咨询师或当下的团体环境，有的是抱着试探的心态，有的则是"游戏人生"的态度，还有甚者是"混不吝"（好像在说："我就这样了，你能把我怎样?!"）……他们的合作欲望和合作度都不高，因而，给心理咨询师的整体感觉大致相同：似乎是在"配合"或"应付"心理咨询师，而非自愿地接受心理咨询或意象体验。

随机型个性化武器意象的来访者天马行空，信手拈来。这里就随机地举几个例子。

> 来访者，男，27 岁，银行职员，未婚。半个月前，调离软件开发部门的申请未被批准，与相关领导发生冲突，自此闷闷不乐。
>
> 在该银行 EAP 项目的某次团体培训中，参与"挑武器"意象体验，他自述："那我就拿镰刀吧，就是老家房子里留着的那把，磨磨还能用。我这次回老家过年给带回来了，就放在我的后备厢里。"……后来，在心理咨询师的鼓励下，他开始接受个体咨询。

【解析】

　　"镰刀"象征收割生命。来访者在现实层面刚刚经历了一个负性生活事件（调离申请未被批准），情绪尚未平复，并在现实生活中将镰刀放在车里，客观上存在一定的危险性。这个意象里的"镰刀"显然凝聚着来访者的消极情绪。

　　"老家"在我们的潜意识里代表心灵原乡。"后备厢"是车的一个组成部分，车可用来象征我们的身体或心灵，后备厢代表身体或心灵的某种存储。在现实行为上，来访者把存放在老家的镰刀带到了自己的车里，并置于后备厢，表明其心理现实与客观现实的界限开始模糊或混淆，因而，在现实层面具有了一定的攻击性和情绪爆发的可能性。

　　对于现实层面的问题，要用现实的方法解决；对于心理层面的问题，要用心理学的方法解决。

　　来访者，女，四十多岁。

　　在意象对话成长小组的某次互动中，她提到以"奶油蛋糕"作为攻击丈夫的武器。具体使用方式是，"他要是惹我不高兴，我就给他吃这个蛋糕。他一吃，嘴里是甜的，但心里就会觉得对不起我，然后就会乖乖地听我的话了。"

【解析】

　　仅就武器意象而言，"蛋糕"属于糖衣炮弹。与其说该来访者用糖衣炮弹攻击丈夫，不如说是在"被动攻击"——用唤起对方内疚感的方式控制对方，以及控制彼此的关系。

　　应对方式很简单：化被动攻击为主动表达。具体地说，可用建设性的方式表达真实的内心。例如，"你今天回来晚了（第一句话：仅仅是描述，而无任何的评价或指责），我很担心（第二句话：表达自己最真实的感受），希望下次你能尽量让我提前知道你会晚回家（第三句话：就事论事地提出自己的愿望）。"

来访者，男，14岁。因个子矮小，体育成绩较差，被迫转学。

在团体课程进行"挑武器"意象体验时，所有的同学都围成单层圈，心理咨询师也坐在其中。当心理咨询师开始引导大家闭上眼睛、躯体放松时，他悄悄地把自己的椅子往后挪了一下（看起来，他跟大家不在一个圈里了）。他的坐姿松松垮垮，在整个放松和体验过程中时而睁眼，时而闭眼。即使走到他身边，单独放松和引导，他也很难做到完全闭上眼睛。他睁眼时眼神飘忽不定，尽可能地躲避与心理咨询师的目光相对。

轮到他报告武器意象时，他的声音像是一个四五岁的孩子："我没看到什么武器，带着一个悠悠球就出来了。"一边说话，一边朝其他同学东张西望。在他的描述中，这个橡胶悠悠球跟乒乓球的大小差不多，五彩透明，当有危险来临时，他就把它举过头顶，抡几圈，让悠悠球旋转出一个保护圈来。

## 【解析】

本案例中的"悠悠球"意象，象征小保护圈。这个保护圈完全没有攻击性和伤害性，防御性也非常低——只是努力地"旋转"（代表沉溺）出一个自以为安全的小天地来。

看到这里，你也许会想到，这个孩子需要解决的是安全感的问题。是的，是安全感的问题。但是，"安全感"只是一个词，它是多方面、多层次的。譬如，身体平衡感的破坏或丧失、生存领地被侵扰、死亡恐惧……这些都属于安全感的范畴。所以，我们还需要进一步了解：是哪一种安全感？这个安全感在什么时间出了什么问题？其创伤的源头是什么？它与这个14岁少年当前生命状态的内在逻辑联系是怎样的？

非常幸运的是，那一天，心理咨询师见到了孩子的母亲。母亲在"挑武器"意象中选择了一把金色的宝剑。当心理咨询师说："您的心里好像压着不公正感"，这位年纪轻轻却显沧桑的母亲泪如雨下……

象中选择了一把金色的宝剑。当心理咨询师说："您的心里好像压着不公正感"，这位年纪轻轻却显沧桑的母亲泪如雨下……

原来，孩子仅仅是因为体育成绩差，影响了所在年级整体的体育成绩，有可能影响到中考，于是，学校提出"转学"建议，并承诺帮助他联系一所对体育成绩没有严格要求的好学校。家长接受了这个决定。当母亲领着孩子到新学校报到时，才知道这是一所工读学校（校名并无"工读"二字）。她觉得之前的学校没有跟自己说实话，甚至感觉不是"转学"，"我们孩子没有犯罪啊，也没有犯什么错，就是个子太瘦小，体育不好……他们就不要我们了……"

在本案例中，宝剑代表母亲的公正感，或者更确切地说，代表母亲对公正的渴望；金色是金子般的爱，象征母亲的爱——爱儿子，不想伤害他，所以鼓励儿子努力适应新学校；金色附着在宝剑上，代表母亲用"爱"压抑对公正的渴望，同时也是一种"宽容"的态度："我不跟你们计较了，就这样吧。"

从心理咨询的角度而言，母亲需要化解的是躲在"金色的宝剑"背后的无助感和无力感；孩子则需要解决"悠悠球"背后的无助感和无能感，重树对自己、对未来、对世界的信心和健康的自我保护意识，并且，将由于缺乏安全感而投射到外面的心理能量收回来，更加专注地承担自己的学业和生活。这份信心和担当能够帮助他在未来健康地应对任何境遇。

来访者，男，18 岁，职高学生。上小学时，因父亲有家庭暴力，母亲提出离婚。父母离异后，他与母亲生活。上初中时，母亲再婚。继父对他和母亲很好，并向他表示不会再生育子女。但他感觉并不亲近。读职高期间，因多次与校内、校外的男生打架而受到处罚，手、胳膊和腿上留有多道伤痕。曾与一个低年级女生（父母离异，女生跟奶奶、爷爷生活）恋爱，并发生性关系。半年后，两人分手。经过班主任和副校长的多次家访及努力沟通，该生同意接受心理咨询。

第一次面询时，他一副无所谓的样子，瘫坐在沙发上，面带微笑，不停地晃动着左腿，时不时地摆弄一下自己的手指头。我静静地看了他一会儿，开口说道："谢谢你愿意来见我。"他吃惊地看了我一眼，瞥了一下嘴，随即又恢复到刚才的状态。

心理咨询师："我看见你的两个手上都有伤疤，愿不愿意跟我分享其中的一道伤？"

来访者（挑了一下眉毛）："咳，没什么，都是刀砍的。左手腕这个疤……"

心理咨询师："听上去，每当你感觉对方不尊重你时，你就会怒不可遏，就会冲上去跟人家干一仗。"

来访者："是啊！这种人就欠揍。"

心理咨询师："如果此时此刻又有人不尊重你了，你会用什么武器来保护自己？"

来访者（歪着头，不屑地笑了笑）："什么武器都不用，我拿个牙刷就能干掉他！"

……

## 【解析】

这是一个渴望被尊重的孩子。换言之，他之所以对"被尊重"这件事如此敏感，是因为在他早年的心理经验中，既未看到父亲（男性）对母亲（女性）的尊重，也未感受到父亲（男性）对自己（男性）的尊重（以上两点却会激发来访者一个下意识的心理动作：强者认同（认同，identification，是一种潜意识的心理活动，是指在潜意识里，把自己比拟或模仿为某个所爱／所恨的人却感觉强大的人／已失去的人）——他在表现"强大"方面会越来越像他父亲，甚至在继父决定不跟母亲生育子女这件事上，他也感觉到没有被尊重（他在咨询中谈到，希望母亲幸福，如果母亲愿意，他可以接受同母异父的弟弟或妹妹）……在他的体验中，生活中的许多事情，他都只能被动接受。

"牙刷"犹如塑料匕首，具有"匕首"的所有象征意义，只是毙命性稍弱而已。我们在一些影视作品中，确实看到过用牙刷杀人的画面。对于这种近距离的武器意象，我们很容易想到，这个孩子最先需要解决的心理问题是：亲子关系问题，特别是他与亲生父亲的关系问题。

心理层面的亲子关系建设（他与亲生父亲的关系、他与母亲的关系、他与继父的关系），不仅有益于现实层面的亲子关系发展，最终还能引导来访者从"关系"回归"自我"，重塑"自我"。而这样的心灵成长又会促进来访者在现实层面更好地建立自己的亲密关系。

"挑武器"这项小技术若是运用得当，可以促进人的身心健康。

# 参 考 文 献

阿尔弗雷德·阿德勒. 自卑与超越[M]. 马晓娜，译. 长春：吉林出版集团有限责任公司，2015.

埃里希·弗罗姆. 被遗忘的语言——梦、童话和神话分析导论[M]. 郭乙瑶，宋晓萍，译. 北京：国际文化出版公司，2007.

查尔斯·布伦纳. 精神分析入门[M]. 杨华渝，等译. 北京：北京出版社，2000.

弗洛伊德. 弗洛伊德文集：癔症研究[M]. 长春：长春出版社，2004.

弗洛伊德. 精神分析引论[M]. 高觉敷，译. 北京：商务印书馆，1984.

古龙. 七种武器：长生剑·孔雀翎[M]. 郑州：河南文艺出版社，2013.

瀚鼎文化工作室. 百科图解冷兵器知识[M]. 北京：航空工业出版社，2014.

黄文尧，颜事龙. 炸药化学与制造[M]. 北京：冶金工业出版社，2009.

贾雷德·戴蒙德. 枪炮、病菌与钢铁——人类社会的命运（修订版）[M]. 谢延光，译. 上海：上海译文出版社，2016.

金铁木. 中国古兵器大揭秘（对决篇）[M]. 西安：陕西人民出版社，2016.

卡尔·古斯塔夫·荣格. 人格的发展[M]. 陈俊松，程心，胡文辉，译. 北京：国际文化出版公司，2011.

卡尔·古斯塔夫·荣格. 象征生活[M]. 储昭华，王世鹏，译. 北京：国际文化出版公司，2011.

卡尔·古斯塔夫·荣格. 寻求灵魂的现代人[M]. 黄奇铭，译. 上海：上海译文出版社，2013.

卡伦·荷妮. 神经症与人的成长[M]. 陈收，等译. 北京：国际文化出版公司，2001.

黎贯宇，等. 世界名枪全鉴(珍藏版)——狙击步枪[M]. 北京：机械工业出版社，2013.

李嘉亮. 达人开讲：图说刀事典[M]. 武汉：湖北科学技术出版社，2016.

李庆山. 现代武器[M]. 北京：星球地图出版社，2012.

刘丙海. 叱咤风云：核武器的历史[M]. 北京：金盾出版社，2015.

刘解华，唐谋生. 海疆卫士——水面战斗舰艇[M]. 北京：化学工业出版社，2012.

陆敬严. 中国古代兵器[M]. 西安：西安交通大学出版社，1993.

罗伯特·厄萨诺，等. 精神分析治疗指南[M]. 杨华渝，译. 北京：北京出版社，2000.

马歇尔·拜恩. 武器与铠甲[M]. 白艳艳，译. 北京：电子工业出版社，2009.

裴锡荣，李春生. 武当武功[M]. 长沙：湖南科学技术出版社，1984.

彭鹏. 刀兵相见：近五百年中国战场轻兵器[M]. 济南：山东美术出版社，2011.

钱伟长. 穿甲力学[M]. 北京：国防工业出版社，1984.

荣格，等. 潜意识与心灵成长[M]. 张月，译. 上海：上海三联书店，2009.

塞班斯. 轻于空气的航空机器人——无人飞艇的制导与控制[M]. 吴华兴，毛红保，迟文升，等译. 北京：国防工业出版社，2014.

《少林武功》编写组. 少林武功［M］. 广州：科学普及出版社广州分社，1983.

《深度军事》编委会. 现代飞机鉴赏指南（珍藏版）［M］. 北京：清华大学出版社，2014.

施鹤群. 高科技与现代武器——传说中的隐身术［M］. 上海：上海科学普及出版社，2015.

狩之良典. 枪支中的科学［M］. 杨田，译. 北京：化学工业出版社，2017.

《图说天下·珍藏版》编委会. 世界兵器大百科［M］. 长春：吉林出版集团有限责任公司，2009.

万志强，朱斯岩，等. 认识航空——飞机·直升机知识与鉴赏［M］. 北京：化学工业出版社，2013.

王兆春. 中国古代兵器［M］. 北京：商务印书馆，1996.

文斌. 世界刺杀档案——攫取权力的杀戮［M］. 南京：凤凰出版社，2012.

西风. 火力：手枪和冲锋枪［M］. 北京：中国市场出版社，2013.

徐光兴. 国术魂——中国武术的精神世界［M］. 合肥：安徽人民出版社，2015.

杨国忠，等. 阵地咆哮——火炮［M］. 北京：化学工业出版社，2013.

尹建平，王志军. 弹药学（第2版）［M］. 北京：北京理工大学出版社，2012.

苑媛，曹昱，朱建军. 意象对话临床技术汇总［M］. 北京：北京师范大学出版社，2013.

苑媛. 心理咨询实务案例集［M］. 北京：北京师范大学出版社，2015.

苑媛. 意象对话临床操作指南［M］. 北京：北京师范大学出版社，2012.

苑媛，张志强. 做温暖的父母——理解孩子的心理语言［M］. 北京：北京师范大学出版社，2014.

张国庆. 中国古代兵器史[M]. 沈阳：辽海出版社，2011.

张玉龙，严晓峰. 坦克装甲车[M]. 北京：化学工业出版社，2015.

指文烽火工作室. 中国古代实战兵器图鉴[M]. 北京：中国长安出版社，2015.

周纬. 中国兵器史稿[M]. 天津：百花文艺出版社，2006.

朱建军. 来自东方的心理疗法——意象对话心理治疗（中英文对照）[M]. 苑媛，译. 合肥：安徽人民出版社，2008.

朱建军. 我是谁——心理咨询与意象对话技术[M]. 北京：中国城市出版社，2001.

朱建军. 心灵的年轮——中国文化的心理分析与救赎[M]. 兰州：敦煌文艺出版社，2004.

朱建军. 意象对话心理治疗[M]. 北京：北京大学医学出版社，2006.